FRANZ DANIMANN

FLÜSTERWITZE UND SPOTTGEDICHTE UNTERM HAKENKREUZ

Dokumente · Berichte · Analysen 11

Herausgegeben von Franz Richard Reiter

FRANZ DANIMANN

Flüsterwitze und Spottgedichte unterm Hakenkreuz

Herausgegeben
von
Franz Richard Reiter

EPHELANT VERLAG

Druck: Novographik, Wien
Mit Unterstützung der Abteilung Kultur und Wissenschaft der NÖ
Landesregierung,
des Bundesministeriums für Inneres,
der Wissenschafts- und Forschungsförderung der Stadt Wien,
des Bundesministeriums für Bildung, Wissenschaft und Kultur, Wien
ISBN: 3-900766-13-4

INHALT

INDIZES

Quellennachweis
Die Vorlagen für die Dokumente stammen aus den Beständen der Wiener Stadt- und Landesbibliothek, des Dokumentationsarchivs des Österreichischen Widerstandes (DÖW) sowie des Archivs des Verfassers.

EINLEITUNG

Der politische Witz, die Geißelung von Missständen, die Entlarvung propagandistischer Lügen und die Verspottung von Politikern, der wirkliche Galgen-Humor, blühen besonders dann, wenn das freie Wort, wenn die Freiheit unterdrückt wird. Diktatorische Machthaber fürchten den politischen Witz, weil er aufklärt, wenn sie Lüge als Wahrheit ausgeben, weil er ihr Regime demaskiert, Solidarität bei den Unterdrückten und Verfolgten schafft und den Geist des Widerstandes stärkt. Aus Furcht vor der menschenverbindenden und entlarvenden Kraft des Satirischen greifen die Machthaber zu drakonischen Maßnahmen.

Während der NS-Herrschaft wurde die Verbreitung von politischen Witzen mit Gefängnis, bei „wehrkraftzersetzender Wirkung" mit dem Tode bestraft. Im „Gesetz gegen heimtückische Angriffe auf Staat und Partei und zum Schutz der Parteiuniformen" vom 20. 12. 1934, dem sogenannten „Heimtückegesetz", heißt es:

„§ 2 Abs. 1: Wer öffentlich gehässige, hetzerische oder von niedriger Gesinnung zeugende Äußerungen über leitende Persönlichkeiten des Staates oder der Nationalsozialistischen Deutschen Arbeiterpartei, über ihre Anordnungen, oder die von ihnen geschaffenen Einrichtungen macht, die geeignet sind, das Vertrauen des Volkes zur politischen Führung zu untergraben, wird mit Gefängnis bestraft.

§ 2 Abs. 2: Den öffentlichen Äußerungen stehen nichtöffentliche böswillige Äußerungen gleich, wenn der Täter damit rechnet oder damit rechnen muss, dass die Äußerungen in die Öffentlichkeit dringen."

Aus der „Verordnung über das Sonderstrafrecht im Kriege und bei besonderem Einsatz" vom 17. August 1938:

„§ 5 Zersetzung der Wehrkraft.

(1) Wegen Zersetzung der Wehrkraft wird mit dem Tode bestraft:

1. Wer öffentlich dazu auffordert oder anreizt, die Erfüllung der Dienstpflicht in der deutschen oder einer verbündeten Wehrmacht zu verweigern, oder sonst öffentlich den Willen des deutschen oder verbündeten Volkes zur wehrhaften Selbstbehauptung zu lähmen oder zu zersetzen sucht.

(2) In minder schweren Fällen kann auf Zuchthaus oder Gefängnis erkannt werden."

Um der „Volksschädlinge" habhaft zu werden, bediente man sich des Spitzelwesens. Lob und Belohnung mancher Art winkten dem, der seine „Pflicht" erfüllte und die Miesmacher, Nörgler, Meckerer und Hetzer denunzierte, seien es die Eltern, die Nachbarn, die Arbeitskollegen, die Kameraden in der Wehrmacht oder andere „Volksgenossen".

Das vorliegende Buch demonstriert auch, wie ernst, wie blutig ernst Gewaltherrschaft schon auf „harmlose" Witze reagiert. Im Mittelpunkt steht der geistige Widerstand gegen das Naziregime, wie er in Flüsterwitzen und Spottgedichten zum Ausdruck kommt. Die Natur der Umstände bringt es mit sich, dass die Verbreitung der Flüsterwitze und Spottgedichte nicht genau quantifiziert werden kann. Das Ausmaß der Verbreitung ist „erheblich" gewesen, wie zum Beispiel aus dem „SD-Bericht. Aus dem Reich – geheim – persönlich" vom 8. Juli 1943 hervorgeht:

„Das Erzählen von staatsabträglichen und gemeinen Witzen selbst über die Person des Führers *(hat)* seit Stalingrad erheblich zugenommen ... Das Gefühl dafür, dass das Anhören und Weitererzählen politischer Witze eines gewissen Schlages für den anständigen Deutschen und Nationalsozialisten einfach eine Unmöglichkeit ist, *(ist)* weiten Kreisen der Bevölkerung und auch einem Teil der Parteigenossenschaft offenbar abhanden gekommen ..."

Dr. Franz Danimann – der Verfasser dieses Buches – war selbst ab 1938 gelegentlich Empfänger und Weiterverbreiter von Flüsterwitzen. Bald nach seiner Rückkehr aus dem KZ Auschwitz führte er eine umfangreiche Korrespondenz, um eine Sammlung von Flüsterwitzen und Spottgedichten anzulegen. Eine erste Präsentation der Sammlung im Rahmen einer Vortragsreihe im Wiener Volksbildungshaus „Urania" im Jahre 1963 hatte zur Folge, dass weitere Unterlagen einlangten. Häufig wurden Dr. Danimann dieselben oder gleichartige Witze von verschiedenen Leuten erzählt oder zugesandt. Auch das lässt auf eine weite Verbreitung schließen.

Das Buch dokumentiert schließlich ebenso ein Stück Alltagsgeschichte. Die Flüsterwitze und Spottgedichte stellen eine wichtige historische Quelle dar, die Auskunft über die Sorgen, Nöte und Einstellungen derer gibt, denen die Geschichtsschreibung immer noch zu wenig Beachtung schenkt.

Der Verfasser ist Österreicher. Daher kommt es, dass die Antipathie und die Verachtung der „ostmärkischen Schlappschwänze" gegenüber den damals bald sehr verhassten „Altreichsdeutschen", genannt „Piefkes", in diesen Dokumenten deutlich zum Ausdruck kommt. Es wird betont, dass dies der Wahrheit willen geschieht und nicht, um Gräben zwischen Österreich und Deutschland aufzureißen.

Das „Heimtückegesetz", eine Sammlung von Gerichtsurteilen und weitere Dokumente sind im zweiten Teil, soweit es die Qualität der Originale beziehungsweise ihre Verfügbarkeit erlaubt haben, in Faksimile wiedergegeben. Am Schluss des Buches befindet sich eine alphabetisch gereihte Liste von Erklärungen sowie eine Zeittafel. Die einleitenden Bemerkungen zu den einzelnen Kapiteln bringen historische Daten, soweit sie für das Verständnis der Flüsterwitze und Spottgedichte notwendig sind.

Das Buch „Flüsterwitze und Spottgedichte unterm Hakenkreuz“ erschien 1983 zum ersten Male. Es war sehr schnell vergriffen.

Diese neuerliche Ausgabe nach rund zwei Jahrzehnten folgt im Wesentlichen der damaligen. Die Gründe dafür sind, erstens, dass man wegen des Sujets nie Vollständigkeit erlangen kann – in der Bevölkerung oder in einem Teil von ihr kursierende Witze und Spottgedichte entziehen sich dem Messen in Hinblick auf Zahl und Verbreitung – und zweitens, dass nicht die Leserschaft, noch die zahlreichen Besprechungen irgendeinen Mangel gerügt hatten.

Witz, Satire, Humor lassen uns die Welt in einer ganz spezifischen Weise erkennen. Vielleicht ist dies mit ein Grund, warum das Buch in seiner ersten Ausgabe nicht nur der persönlichen Lektüre, sondern auch als nützliche Hilfe für die Bildung anderer empfohlen wurde. Aus zahlreichen Mitteilungen geht hervor, dass die Witze und Spottgedichte, gleichfalls die Gesetze, Urteile und anderen Dokumente auch ein taugliches Instrument sind, Kindern und Jugendlichen in der Familie, in der Schule, in der außerschulischen Bildung und ebenso Erwachsenen einen motivierenden Einstieg in die in diesem Buch behandelten Themenbereiche zu geben.

Leider ist das Buch aktuell. Die Nazis bedrohten nicht nur Menschen, die politische Witze machten. Sie hatten die Freiheit, die politische Meinung zu äußern, es sei denn, sie war mit der des Regimes identisch, abgeschafft. Und dies ist auch heute – mehr oder minder – in den vielen totalitären oder totalitäre Züge aufweisenden Staaten unserer Welt so.

Die freie Meinungsäußerung ist auch in den Demokratien bedroht. Ein Beispiel aus Österreich: Im Mai 2000 forderte Jörg Haider, dass über all jene Volksvertreter, die entgegen ihrem Treuegelöbnis auf die Republik gegen die Interessen des Staates verstoßen, Sanktionen verhängt werden sollten. Justizminister Dieter Böhmdorfer fand diese Idee „verfolgenswert“ im Sinne von aufgreifenswert. In der österreichischen Fernsehnachrichtensendung „ZiB 1“ am 15. Mai 2000 heißt es: „Haider schlägt einen Mandatsentzug für Politiker vor, die gegen Staatsinteressen verstoßen, egal, ob es ein Abgeordneter sei oder der Bundespräsident.“ In dieser Sendung sagt Haider wörtlich: „Das, worum es mir geht, ist einfach, für alle österreichischen Politiker verbindlich zu machen, dass sie einen Eid auf die Verfassung geleistet haben und diese Verfassung sie auch in die Pflicht nimmt, das eigenen Land bei jeder sich bietenden Gelegenheit zu verteidigen. Das ist für mich etwas sehr Wesentliches. Denn diese Rückratlosigkeit, die in den letzten Wochen an den Tag gelegt worden ist, wo österreichische Politiker im Ausland auf Bildern abgebildet sind, wo sie Champanger trinkend mit Feinden Österreichs zusammenstehen, das kann also nicht mehr akzeptiert werden.“

Der Abgeordnete Alexander Van der Bellen stellte in der Parlamentssitzung vom 16. Mai 2000 fest, dass es jetzt schon Verfahrensregeln für den Fall gibt, dass sich ein Abgeordneter strafrechtliche Verfehlungen zuschulden kommen läßt. Daher handle es sich um politsche Einschüchterung. An anderer Stelle kommentiert Alexander Van der Bellen: Daher sei die Forderung Haiders, die vom Justizminister positiv beurteilt wurde, das Unterfangen, politisch Andersdenkende mundtot zu machen. In der Parlamentssitzung vom 16. Mai 2000 rückte er die Qualifizierung „Staatsfeind“ in die Nähe von „Volksverräter“ und „Volksschädlinge“. Er sieht in der Forderung Haiders und der Unterstützung durch Böhmdorfer die Denkweise eines totalitären Regimes und zitierte in diesem Zusammenhang § 2 Abs. 1 des sogenannten „Heimdückegesetzes“, der auch zu Beginn dieser Einleitung abgedruckt ist.

Franz Richard Reiter

ERSTER TEIL

Flüsterwitze und Spottgedichte

PROPAGANDA UND MAULKORB

Propaganda und Knebelung des freien Wortes sind die wichtigsten Elemente jeder Diktatur. Beides war im NS-Staat perfekt entwickelt. Kritische Äußerungen oder auch nur das Anzweifeln offizieller Behauptungen galten als Verbrechen. Die Sanktionen dafür waren: Gefängnis, Zuchthaus, Konzentrationslager oder Todesstrafe. Über Priester, die „Unliebsames" predigten, wurde zumindest Aufenthalts- und Redeverbot verhängt. Im Dritten Reich gab es unter der Führung von Joseph Goebbels ein eigenes Propagandaministerium, dem enorme Geldmittel zur Verfügung standen. Die wichtigsten Instrumente waren: die gleichgeschaltete Presse (gegnerische oder neutrale Zeitungen gab es nicht, ausländische Zeitungen waren unzugänglich), der staatlich kontrollierte Film – da vor allem die Wochenschau – und der Rundfunk. Ein kleiner Radioapparat, genannt Volksempfänger", wurde preisgünstig auf den Markt gebracht, damit möglichst vielen „Volksgenossen" die Reden der „Größen des Reiches", die gelenkten Nachrichten und die stereotypen Propagandalosungen eingehämmert werden konnten. Eine Möglichkeit, sich über die Vorgänge in der Welt und über die wahren Verhältnisse in Deutschland zu informieren, war das Abhören ausländischer Rundfunkstationen, die jedoch mit dem Volksempfänger nicht empfangen werden konnten. Dies und die Verbreitung der Nachrichten war mit hohen Strafen bedroht.

In der „Verordnung über außerordentliche Rundfunkmaßnahmen vom 1. September 1939" heißt es:

„§ 1 Das absichtliche Abhören ausländischer Sender ist verboten. Zuwiderhandlungen werden mit Zuchthaus bestraft. In leichteren Fällen kann auf Gefängnis erkannt werden. Die benutzten Empfangsanlagen werden eingezogen.

§ 2 Wer Nachrichten ausländischer Sender, die geeignet sind, die Widerstandskraft des deutschen Volkes zu gefährden, vorsätzlich verbreitet, wird mit Zuchthaus, in besonders schweren Fällen mit dem Tode bestraft.“
(Zitiert nach Kohlrausch: Strafgesetzbuch des Deutschen Reiches. 36. Auflage. Berlin 1941.)

Schon 1939 wurden Personen zu Gefängnisstrafen von 4 bis 9 Monaten verurteilt, nur weil sie Musik ausländischer Sender gehört haben. Dieses Verbot wurde, wie viele andere, von manchen NS-Bonzen nicht beachtet. Man stand ja gewissermaßen über dem Gesetz.

Schüler: „Herr Lehrer, die Russen haben zehn Divisionen gefangen.“
Lehrer drohend: „Soo, woher weißt du denn das?“
Schüler: „Von meinem Vater, der hört Ausland.“
Lehrer: „Und das sagst du so ungeniert! Da werden wir gleich nach der Schule zu deinem Vater gehn.“
Wie sie hinkommen, liegt der Vater unter dem Bett.
Lehrer: „Ist das wahr, dass Sie Ausland hören?“
Vater: „Ja, natürlich!“
Lehrer: „Also, das ist doch mehr als unverschämt. Sofort geben Sie mir den Apparat und kommen mit.“
Vater: „Wieso Apparat? Ich hab' ja gar keinen, sondern der Herr Gauleiter in der Wohnung unter uns. Aber der geht so laut, dass ich alles mithören kann.“

Ein kleiner Bub wird auf der Straße aufgeklaubt. Er kennt weder seinen Familiennamen noch seine Adresse, er weiß nur, dass er Hansel heißt. Schließlich sagt ein Polizist zu ihm: „Wir werden halt im Radio verlautbaren, dass ein Bub da ist, der Hansel heißt.“ Darauf der Bub lebhaft: „Aber bitt' schön, nur im englischen Sender. Mein Vatta hört kan andern.“

Was für ein Unterschied ist zwischen einem Zwei-Röh-

renapparat und einem Fünf-Röhrenapparat?
Im Zwei-Röhrenapparat hört man Deutschland über alles und im Fünf-Röhrenapparat hört man alles über Deutschland.

„Wissen S' kane Nachrichten?“
„Nein, leider, weil ich nur einen Volksempfänger hab'.“

„Wieso gehst du denn mit dem Radio in die Kirche?“
„Der Kerl muss beichten, weil er so viel lügt.“

Weiß Ferdl kommt mit einem funkelnagelneuen Radioapparat auf die Bühne und führt ihn stolz vor. Er dreht an einem Knopf: „Da hab' ich jetzt Berlin, wenn ich ein bisschen weiterdreh', bekomme ich München, dann Salzburg und Wien, und wenn man noch ein Stückerl weiterdreht, kommt man nach Dachau.“

„Gut, dass der Goebbels nicht unter Napoleon lebte.“
„Warum denn?“
„Na, dann wüssten die Franzosen heute noch nichts von der Niederlage bei Waterloo.“

Was ist das, es fängt mit W an, läuft an der Wand und ist ekelhaft?
Die Wochenschau.

Was ist paradox?
Dass der Antialkoholiker Hitler das ganze Volk mit seinen Reden betrunken macht.

Hitler beteuert vor den Vertretern der ausländischen Presse seine Friedensliebe.
„Sehen Sie sich doch in Deutschland um!“, sagt er. „Das Volk steht unter strengster Aufsicht, es trägt Ersatzstoffe; Kaffee, Tee, Kakao und Butter werden knapp, der Verbrauch von Gummi, Metallen und anderen Rohstof-

fen ist rationiert, die Zwangsarbeit ist eingeführt, morden tun wir auch – wozu braucht Deutschland noch Krieg, wenn es das alles schon im Frieden hat?"

„Es riecht verdammt nach Krieg."
„Wieso?"
„Hitler hat wieder eine Friedensrede gehalten."

Einer studiert ein Plakat, auf dem zu lesen steht:

„Der größte Schuft im ganzen Land
ist und bleibt der Gerüchtefabrikant."

Ganz erstaunt schüttelt er den Kopf und sagt: „Dass sich der Hitler das so gefallen lässt."

Es wird erwogen, ob die Zeitungen enger gedruckt werden sollen, damit man nicht soviel zwischen den Zeilen lesen kann.

Sprichwort: Schweigen ist Gold und Reden ist Dachau.

Plakat des Winterhilfswerkes im Winter 1943/44:

„Keiner darf hungern, keiner darf frieren."

Sagt ein Arbeiter zum andern: „Ach, das dürfen wir auch nicht?"

Die Reichsregierung hat die Wüste Sahara gekauft.
Wozu?
Um dem deutschen Volk Sand in die Augen streuen zu können.

Worin besteht der Unterschied zwischen einem Krematorium und einer Versammlungshalle? Im Krematorium wird man verbrannt, in der Versammlungshalle nur verkohlt.

Auf einem internationalen Chirurgenkongress in Genf unterhalten sich beim Festessen Ärzte verschiedener Nationen über die Fortschritte der Chirurgie. „Uns ist es gelungen, einen großen Teil des Darms zu entfernen“, erklärt ein amerikanischer Arzt, „und durch Plastikröhren zu ersetzen. Wie die klinischen Erfahrungen beweisen, funktioniert die Verdauung nach diesem Eingriff ganz normal.“ „Ganz schön“, mischt sich ein schwedischer Arzt ein, „aber wir haben Methoden entwickelt, ein bereits stillstehendes Herz durch operativen Eingriff wieder in Gang zu bringen. Was sagen Sie dazu?“ Ein deutscher Chirurg mischt sich ein: „Das ist alles noch gar nichts! Bei uns hat man einem Großteil des Volkes das Gehirn herausgenommen, und kein Mensch merkt etwas davon!“

Weiß Ferdl tritt mit einem Eisbeutel auf dem Kopf vor das Publikum. Er taumelt und stöhnt. Schließlich wimmert er: „Der Druck von oben ist ja jetzt verschwunden – aber der Schwindel, der Schwindel, der ist geblieben.“

Einer fragt den anderen, wie es ihm denn geht – „Na, wir führen halt ein Erdäpfelleben. Den ganzen Tag liegen wir im Keller und wenn wir das Maul aufmachen, werden wir gefressen!“

Isaak trifft Cohn, dessen Kopf dick verbunden ist. Außerdem trägt er einen Arm in der Schlinge und hinkt. „Nu, was ist Cohn?“, ruft Isaak entsetzt. „Was hat man mit dir gemacht?“ – „Pst“, flüstert Cohn aus seinem Verband heraus. „Sei still! Ich bin ein Gräuelmärchen.“

Hitler geht zum Friseur und sagt, er solle ihm die Schmachtlocke wegschneiden und die Haare in eine andere Richtung bringen, möglichst aufstehend, à la Hindenburg. Der Friseur versucht alles Mögliche, jedoch ohne Erfolg. Schließlich sagt er: „Wissen S' was? Geben S' einen Tag Redefreiheit in Österreich, da werdn Ihnen gleich die Haare zu Berg' stehen.“

Einer trägt die Nase verbunden. Auf die Frage, was ihm denn passiert sei, antwortet er, er habe sich einen Zahn ziehen lassen:
„Aber gehn S'. Doch nicht durch die Nasen?"
„Na, freilich. Glauben S' in diesen Zeiten werd' ich den Mund aufmachen!"

Zwei Wiener gehen miteinander fischen. Der eine fängt sehr viel, der andere gar nichts. „Woran das nur liegt, dass bei mir keiner anbeißt?", grübelt der eine. – Lachend macht ihn der andere auf das Parteiabzeichen an seinem Rock aufmerksam: „Na, hörn S', wenn Sie die Scheiben aufgesteckt haben, traut sich freilich kaner das Maul aufzumachen."

DER „DEUTSCHE GRUSS“

„Trittst als Deutscher du herein, soll dein Gruß ‚Heil Hitler‘ sein“, wurde von den „Volksgenossen“ im Rundfunk und auf Plakaten in Büros und Geschäften gefordert. Angehörige des öffentlichen Dienstes waren zum Gebrauch des „Deutschen Grußes“, zu dem auch das Hochheben der rechten Hand gehörte, verpflichtet, die übrige Bevölkerung wurde dazu energisch angehalten.

Aus einem Erlass vom Sommer 1938 für die eben „befreite“ Ostmark:
„Die gebräuchlichen Grußformen wie ‚Servus' und ‚Habe die Ehre' gehören auf den Misthaufen der Geschichte. Die Alten werden diese Grußformen nicht mehr lassen können. Unsere Jugend aber muss rechtzeitig zum Herrenbewusstsein erzogen werden ...“

Wie ernst das gemeint war, zeigt ein Beschluss des Beschwerdegerichtes im Jahre 1940. Eltern wurde das Sorgerecht über ihre beiden Kinder entzogen, weil sie sie nicht zum „Deutschen Gruß“ angehalten hatten, wobei noch festgestellt wird, dass das eine der beiden Kinder, das in der Schule fortgesetzt den „Deutschen Gruß“ verweigert hatte, „sonst gut erzogen“ sei und die Eltern den Eindruck „charakterlich durchaus zuverlässiger Menschen“ machten *(siehe Zweiter Teil, S. 152)*.

Durch die Haltung dieser Eltern sowie durch den Gebrauch von „Grüß Gott“ oder „Guten Morgen“ wurde in vielen Fällen die politische Gesinnung und Haltung demonstriert.

Hitler kommt nach Wien, jemand begrüßt ihn mit einem freundlichen „Guten Morgen“. – „Was fällt Ihnen ein?!“, schreit ihn der Führer an. „Solange ich regiere, grüßt man mit ‚Heil Hitler'! Da gibt es keinen guten Morgen, keinen guten Tag und keinen guten Abend mehr! Verstanden?“

Was bedeutet der Deutsche Gruß?
Aufgehobene Rechte.

Einer trifft seinen Freund: „Sag einmal, seh' ich dem Hitler wirklich so ähnlich?", erkundigt er sich. „Denn jeder, den ich treffe, sagt ‚Heil Hitler' zu mir."

Ein Irrenarzt trifft einen bekannten Chirurgen: „Heil Hitler", begrüßt der Irrenarzt seinen Kollegen. – „Aber nein", winkt dieser ab, „heil lieber du ihn."

Zwei Freunde erwischt der Fliegeralarm auf der Straße. In ihrer Angst rennen sie davon, jeder in eine andere Richtung, und können sich nur noch zurufen, dass sie sich danach im Kaffeehaus treffen werden. Nach der Entwarnung sitzt der eine schon längst am Treffpunkt, der andere aber kommt und kommt nicht. Als er endlich daherwankt, ist er voller blauer Flecke und Beulen. Einen Arm hat er in der Schlinge, außerdem hinkt er.
„Ja, was ist denn dir passiert? Warst verschüttet?"
Der andere schüttelt den Kopf.
„War es ein Flaksplitter?"
„Nein."
„Ein Bombeneinschlag?"
„Nein."
„No, so red doch schon. Was ist denn mit dir geschehn?"
„Ach Gott! Ich Trottel hab' im Luftschutzkeller mit ‚Heil Hitler' gegrüßt."

In einer Schule für Schwachsinnige wird Hitler angekündigt. Der Lehrer schärft den Kindern immer wieder ein, sie möchten alle ja nur recht deutlich mit „Heil Hitler" grüßen. Es klappt dann auch ganz gut. Doch nach einigen Tagen fragt eines der Kinder: „Aber Sie, Herr Lehrer, Sie haben nicht mit ‚Heil Hitler' gegrüßt."
„Ich?", sagt darauf der Lehrer. „Ich bin ja nicht schwachsinnig."

Ein NS-Gegner kommt aus dem Konzentrationslager und trifft nach langer Zeit seinen Freund wieder. Als er ihn auftauchen sieht, streckt er die rechte Hand hoch. „Was?", wundert sich der andere. „Haben dich die Nazis im Lager so weit überzeugt, dass du sogar mich mit dem Deutschen Gruß begrüßen willst?" – „Aber woher denn!", schüttelt der andere den Kopf. „Ich wollte nur zeigen: ‚So hoch ist mein Hund g'sprungen, vor lauter Freud', wie er mich wieder g'sehn hat.'"

Ein Betrunkener geht bei einem Dürrkräutler vorbei und liest in der Auslage „Heilkräuter". „Heil Kräuter", philosophiert er, „Heil Kräuter. Da ha' ma am End' a neue Regierung!"

Hitler und Göring promenieren auf der Landstraße und treffen auf einen Bauern. „Grüß Gott!", sagt dieser zu ihnen. – Sofort beratschlagen die beiden Bonzen, wie sie diesen Mann wegen seines „ungebührlichen" Grußes bestrafen könnten.

„Wir lassen ihn am besten drei Stunden in der Sonne stehen", schlägt Hitler vor. „Ich glaube, eine Stunde genügt auch", meint Göring in einer Anwandlung von Großzügigkeit. Aber Hitler beharrt auf seinem Willen. Als sie nach drei Stunden zurückkommen, steht der Bauer noch auf seinem Platz. „Gelobt sei Jesus Christus!", grüßt er. Hitler wird rot vor Wut. „Da hast du es", stänkert Göring. „Ich habe mir gleich gedacht, dass drei Stunden zu viel sind. Jetzt ist er statt braun schwarz geworden."

Ein Bauer geht an einem Kruzifix vorbei und grüßt mit „Grüß Gott!". Einige SA-Leute, die das hören, rufen ihm zu: „Das heißt: Heil Hitler." – Da sagt der Bauer auf Christus zeigend: „Solange der da oben hängt, gibt es für mich nur: ‚Grüß Gott'. Wenn Hitler da hängt, ist es etwas anderes."

Der Münchner Kabarettist Weiß Ferdl soll auch gelegentlich bei seinem Auftritt gesagt haben: „Grüß Gott und Heil Hitler für die Andersgläubigen!“

Der Bauer in seiner Not
sagt wieder „Grüß Gott“.
Die Frauen mit ihren Sorgen
sagen wieder „Guten Morgen“.
Der Arbeiter mit seiner Plag’
sagt wieder „Guten Tag“.
Nur der Profitler
grüßt mit „Heil Hitler“.
Der Mann mit Courage
sagt „Leckt mich am Arsch“.
Die Bonzen und Profitler
grüßen zackig mit „Heil Hitler!“
Beamte und der Mittelstand
heben auch die Hand.
Das Volk jedoch mit seinen Sorgen
sagt so wie gestern „Guten Morgen!“
Und nach dem großen Krach
sagt alles wieder „Guten Tach!“

Ein Erwerbsloser will bei der Fürsorgebehörde Kohlen beantragen. Mit lautem „Guten Morgen“ betritt er die Amtsstube, doch die Angestellten antworten ihm nicht. Der Mann sagt erneut: „Guten Morgen – und ich hätte gern Kohlen beantragt.“ Da antwortet einer der Schreiber: „Hier gibt es nur den ‚Deutschen Gruß!‘“ „Her mit der Scheiße!“, ruft der Erwerbslose. „Hauptsache, der Mist brennt!“

Die deutschen und schweizerischen Grenzbeamten am Übergang Konstanz-Kreuzlingen kannten einander recht gut. Aber ein neuer Chef, ein strammer Nazi, bestand auf dem Hitlergruß, auch den Schweizern gegenüber. Vorsichtige Einwände seiner Leute wischt er beiseite.

Er werde ihnen morgen vormachen, wie man mit diesen schlappen Pazifisten umzugehen habe. Am nächsten Tag erscheint er am Schlagbaum, steuert auf den Dienst tuenden Schweizerischen Grenzbeamten zu, reißt den Arm hoch und brüllt: „Heil Hitler!"
Der Schweizer legt ganz ruhig die Hand an die Mütze und sagt trocken: „Heil Hodler."
Der Deutsche ist verblüfft. „Hodler, wer ist denn das?"
„Ja, wissen Sie", sagt der Eidgenosse, „das ist unser Maler."

Jemand tritt auf der Straße in einen Hundehaufen, reißt seine Rechte hoch und ruft: „Heil Hitler!" Ein Passant stellt ihn zur Rede. Der Erste rechtfertigt sich: „So gehört es doch. Wissen Sie denn nicht, dass es heißt: ‚Trittst du in ein Geschäft hinein, soll dein Gruß ‚Heil Hitler' sein!"

HITLER

Naturgemäß bezogen sich viele Witze auf die Person des Führers, Reichskanzlers und obersten Befehlshabers der Wehrmacht, Adolf Hitler, des Gefreiten im Ersten Weltkrieg. Sein Pathos, seine gespielte Bescheidenheit, die rücksichtslose Gewaltpolitik im Inneren wie im Äußeren, seine Menschenverachtung boten hiezu reichlich Nahrung. Er galt im Volksmund als impotent, was mit dazu führte, dass seine zur Schau gestellte Familien- und Kinderfreundlichkeit aufs Korn genommen wurde. Dass der „Führer" als Witzfigur den Verantwortlichen im Reich durchaus bekannt war, geht aus einem Dokument hervor, das schon in der Einleitung zitiert ist. Der Sicherheitsdienst stellte im Sommer 1943 fest, dass die Witze über die Person des Führers erheblich zugenommen haben.

Was hat Hitler mit einem Blindgänger gemeinsam?
Sehr einfach! Niemand traut sich an ihn heran und von selbst krepiert er nicht.

Wer ist der beste Tapezierer?
Hitler, denn er hat die ganze Welt umgekrempelt.

Wer ist der größte Bauer?
Adolf Hitler. Er hat 65 Millionen Rindviecher und den größten Saustall.

Wer ist der größte Elektriker?
Adolf Hitler! Er hat 80 Millionen gleichgeschaltet, Kraft durch Freude erzeugt, Deutschland isoliert, Moskau ausgeschaltet, Italien eingeschaltet und Röhm geerdet.

Einer hatte einen Traum,
der war so schön,
ihr glaubt es kaum,
er hörte ein Tedeum
und sah den Hitler ausgestopft
im Britischen Museum.

Der Führer besucht eine Mädchenschule. Man begrüßt ihn mit Blumen. Ein kleines Mädchen aber hält ihm ein Grasbüschel entgegen. Hitler fragt erstaunt: „Was soll ich damit?"
„Essen!", antwortet die Kleine. „Man sagt doch: ‚Erst, wenn der Führer ins Gras beißt, wird es uns besser gehen.'"

Wer ist der größte Preistreiber?
Hitler, denn der lässt plakatieren: „Sieg um jeden Preis."

Was ist der Unterschied zwischen dem Messias und Hitler? – Der Messias kommt nicht und Hitler geht nicht.

Beim Arbeitsamt verlangt einer, dass man ihn für einen Führerberuf einreihen oder umschulen möge: „Sind S' denn deppert?", fragt ihn der Beamte. – „Na, wiaso denn? Ist denn das Grundbedingung?"

Hitler will ins Vaterunser auch noch kommen.
Der liebe Herrgott meint, das ginge ganz leicht. „Wir werden eben einflechten: ‚und erlöse uns von Adolf Hitler – amen.'"

Eine Apotheke heißt „Zum heiligen Adolf". Hitler sieht das und ordnet an, dass dies sofort zu ändern sei. Der Apotheker verspricht es. Als Hitler das nächste Mal vorüberfährt, liest er „Zum braunen Hund".

Aus einem Schüleraufsatz:
„Die Juden wollten Deutschlands Kultur zerstören und

unsere Heimat total zugrunde richten. Aber unser Führer Adolf Hitler ist ihnen zuvorgekommen."

In einer Kärntner Schule fehlt das Hitlerbild. Endlich wird es in einem Kasten gefunden. Entrüstet sagt die Lehrerin: „Wie oft hab' ich euch schon gesagt: ‚Der Führer gehört nicht eingesperrt, sondern aufgehängt.'"

Weiß Ferdl bekam eines Tages von Hitler ein Bild mit eigenhändiger Unterschrift geschickt. Abends erzählt er es seinen Freunden und meinte: „Der Hitler ist ja auch mein Freund, aber jetzt weiß ich nur nicht, ob ich ihn aufhängen oder an die Wand stellen soll."

Ein Jude aus der Leopoldstadt bittet um Namensänderung. Er heißt Adolf Stinker. Der Beamte sagt, dass dies wirklich ein hässlicher Name sei: „Also, wie möchten S' denn heißen?" Sagt der Jude: „Rudolf Stinker".

Welche Betriebe sind heute wirklich nationalsozialistisch? – Nur die Theater, denn die stehen geschlossen hinter dem Führer.
(In der Endphase des totalen Krieges mussten die Theater geschlossen bleiben.)

Welche sind die besten Patrioten? Die 10-Pfennig-Fahrgäste. Die stehen dicht gedrängt hinter dem Führer.
(Die vorderste Plattform der Wiener Straßenbahn war hinter dem Zugführer für die Fahrgäste zum Kurzstreckentarif von 10 Pfennig reserviert und häufig überfüllt.)

Welche Ähnlichkeit besteht zwischen dem Dritten Reich und einer Straßenbahn?
Bei beiden steht vorn der Führer; hinter ihm steht das Volk; wer nicht hinter ihm steht, der sitzt. Zwischendurch wird kassiert. Abspringen während der Fahrt ist verboten.

Einer alten Frau wird von der NS-Volkswohlfahrt Kohle zugeteilt und es wird ihr dabei auch ein Bild des Führers mit den Worten überreicht: „Das ist der Mann, dem Sie die Kohlen zu verdanken haben." – Nach einigen Tagen sieht ein Besucher das Bild und sagt: „Ah, der Führer." „Ach, woher!", ruft die alte Frau. „Das ist mein Kohlenhändler."

Hitler verbietet Weiß Ferdl, dauernd über ihn Witze zu reißen: „Schließlich bin ich Großdeutschlands gewählter Führer und das ganze Volk steht geschlossen hinter mir." – „Bitt' schön", wendet der Weiß Ferdl ein, „der Witz war aber nicht von mir."

An einer Wiener Straßenecke steht ein Mann. Er murmelt immer wieder vor sich hin: „Ich pfeif' auf den Führer! Ich pfeif' auf den Führer!" Ein SA-Mann eilt auf ihn zu. „Was erlauben Sie sich da, über unseren Führer zu sagen!" Der Mann weist ruhig auf eine eben ankommende Straßenbahn. „Ich pfeif' auf den Vierer", sagt er, „ich fahr' mit dem O-Wagen!"
(In Wien verkehrte vor dem Zweiten Weltkrieg eine Straßenbahnlinie Nr. 4.)

Hitler –
in Österreich der letzte Schmarrn,
in Deutschland der Erste der Narrn.

Lied
Hände falten, Köpfe senken,
immer an den Führer denken.

Ein junges Mädchen kommt in eine Buchhandlung und verlangt schüchtern und errötend die Erzählung „Aus dem Leben eines Taugenichts".
Der junge Verkäufer klettert aufs Regal und überreicht dem Mädchen strahlend Hitlers „Mein Kampf".

Graf Bobby und sein Freund Rudi stehen vor einer Landkarte, die beide Hemisphären zeigt. Rudi erklärt seinem Freund, was die verschiedenen Farben auf der Karte zu bedeuten haben:
„Schau“, sagt er, „die riesige rote Fläche, das ist Russland.“
„Aha. Und was bedeutet diese Masse von grünen Flecken auf der Landkarte?“
„Das ist das Britische Weltreich.“
„Und wo ist Amerika?“
„Hier, die große gelbe Fläche zwischen einem Ozean und dem anderen.“
„Und Deutschland?“, fragte Bobby.
„Hier.“
„Was? Dieser kleine braune Fleck? Das ist alles?“
„Natürlich!“
„Ob das der Führer weiß?“

Dass Hitlers Lieblingsmusik die Melodien der „Lustigen Witwe“ waren, ist bekannt. Aber auch sonst war Hitler musikalisch eingestellt. Mit Händel fing er an, mit Liszt kam er zur Regierung, Haydn ließ er herrschen, die Kreutzer zur Aufrüstung holte er aus dem Volk, das Schütz-Jahr endete mit Grieg, und dann ist es Hindemith *(hin damit)*.

Wer italienisch grüßt,
deutsche Mädchen Kinder kriegen lässt,
aber selber keine Kinder machen kann,
das ist ein deutscher Mann!

Wer grüßt auf römische Art
und hat einen englischen Bart?
Wer trägt die Locken Napoleon gleich
und ist geboren in Österreich?
Wer regiert wie Attila mit der Peitsche?
Adolf – der Teitsche!

Was ist der Unterschied zwischen Mussolini und Hitler? Mussolini ist leberleidend, Hitler ist leider lebend.

Hitler geht mit etwas Stoff zum Schneider, damit er ihm daraus einen Anzug macht. Der Schneider stellt fest, dass er mit dem Stoff nicht auskommt, Hitler soll es bei einem anderen Schneider versuchen. Hitler geht also zu einem anderen Schneider. Der sagt:
„Das ist viel zu wenig Stoff, aber kommen S' nach der Frühjahrsoffensive wieder, da werden S' so klan sein, dass noch a Stückel 'rauskriegen."

Eine alte Frau schrieb Hitler einen Glückwunsch zu seinem Geburtstag. In dem Brief heißt es: „Ich wünsche Ihnen alles, was das deutsche Volk Ihnen seit langem wünscht." – Tags darauf wurde sie wegen Anstiftung zum Mord verhaftet.

Kurz nach Beginn des Hitlerregimes bemühen sich wohlhabende Juden in Berlin, ihren Besitz in Antiquitäten anzulegen. Ein Kunsthändler besucht seinen besten Kunden, einen reichen Bankier, öffnet behutsam einen mitgebrachten Ebenholzkasten und sagt: „Herr Pfeffer, ich habe Ihnen etwas besonders Schönes mitgebracht: eine Totenmaske von Franz Liszt." Der Bankier betrachtet die Totenmaske lange und fragt schließlich: „Haben Sie so etwas nicht in Hitler?"

Hitler hat Gusto auf Spinat. Der Gemüsehändler sagt ihm, dass es Spinat nicht mehr gebe. Hitler herrscht ihn an: „Ja, kennen Sie mich denn nicht? Ich bin doch der Befreier Europas!" – Da ruft der Händler ganz aufgeregt: „Schnell, Schani, bring den Spinat aus dem Keller! Der Herr Churchill ist da!"

Als Hitler in einem Garten sitzt, lässt sich ein Spatz auf sein Knie nieder. Er fragt: „Du liebes Tier, wer wird denn den Krieg gewinnen?" „Tschörtschill, Tschörtschill!", macht der Spatz. Wütend jagt Hitler das Tier weg. Nach einer Weile kommt eine Taube. Hitler fragt sie: „Nun, sag du mir, was machen denn meine Truppen an der Ostfront?" – „Zurruck, zurruck!", gurrt die Taube. Hitler verscheucht auch die Taube. Schließlich kommt eine Amsel: „Also, sag du mir, liebe Amsel, was die Österreicher von mir denken?" – Da schaut ihn die Amsel an, lässt ein Patzerl fallen und fliegt davon.

Hitler besucht eine Irrenanstalt. Er fragt einige Kranke, ob sie wüssten, wer er sei. Als sie verneinend den Kopf schütteln, erklärt er mit großer Geste: „Ich bin Adolf Hitler, der Führer. Ich bin sehr mächtig und komme gleich nach dem lieben Herrgott." – Die Kranken schauen einander mitleidig lächelnd an. Einer klopft dem Besucher auf die Schulter und sagt: „Ja, ja, so hat es bei uns auch angefangen."

Hitler fällt ins Wasser. Ein junger Bursche rettet ihn. Hitler gibt sich zu erkennen und fragt seinen Retter nach einem Wunsch. Da fängt der Bursche bitterlich zu weinen an und schluchzt: „Bitte, sagen Sie es vor allem meinem Vater nicht. Wenn der erfährt, dass ich Sie aus dem Wasser gezogen habe, schlägt er mich tot."

„Wann ist der Krieg zu Ende?"
„Nicht eher, als ein Sarg durch das Brandenburger Tor getragen wird, der die Aufschrift hat: KdF." *(NS-Freizeitorganisation „Kraft durch Freude")*
„Was soll das heißen?"
„Knochen des Führers."

Hitler erhält zu Neujahr 1945 drei Sonderfleischmarken für seine persönlichen Verdienste vom deutschen Volk.
100 g Fleischmarken für den Bock, den er schoss, als er den Krieg anfing.

100 g Fleischmarken für das Schwein, das er am 20. Juli 1944 hatte, als er mit dem Leben davonkam.
100 g Fleischmarken für die vielen deutschen Ochsen, die auch dann noch seinen Worten und Versprechungen trauten und an den „Endsieg“ glaubten.

Hitler geht verkleidet unters Volk, um die Meinung über sich zu hören. Er fragt einen Arbeiter. Der sagt: „Um Gottes Willen, sein S' stad, man derf doch nix sagen. Aber kommen S' in meine Wohnung. Da sag' ich's Ihnen.“ In seiner Wohnung angekommen, schaut der Mann unters Bett und in jeden Winkel, sperrt dann jede Türe ab und sagt: „Also ich, ich verehre ihn.“

Hitler betrachtet wieder einmal trübe sein Bild, welches an der Wand hängt. „Was wird wohl mit uns beiden nach dem Krieg geschehen?“
„Ganz einfach. Mich nehmen sie herunter und dich hängen sie auf.“

Wieviele auch im Krieg gefallen sind, es ist noch immer um einen zu wenig.

Hitler wird begraben. Einer fragt, wie das Leichenbegängnis war.
„Na, großartig! Zwanzigmal hat er rauf- und runtergezogen werden müssen.“

Der Liebe Gott begrüßt im Himmel Seelen, nur bei Hitler erhebt er sich nicht. Petrus fragt ihn, warum er auf seinem Thron sitzen bleibt. Der Liebe Gott antwortet: „Na, wenn ich aufsteh', nimmt er mir ihn doch gleich weg.“

Hitler kommt in den Himmel, und weil er nicht gleich vorgelassen wird, so zieht er schnell dem Großen Bären das Fell ab, von der Waage montiert er das Eisen ab, die

Milchstraße entrahmt er, nur die Jungfrau hat er unberührt gelassen.

Hitler im Himmel hat Bauchweh. Er will auf die Seite gehen. Petrus sagt, er solle sich nur irgendwo hinter die Wolken begeben. Wie Hitler hinunterschaut, sieht er Berlin. „Nein", sagt er sich, „da geh' ich nicht."
Ein Stückerl weiter schaut er wieder hinunter. Nun liegt gerade Hamburg unten: „Nein, da geh' ich auch nicht."
An einer anderen Stelle sieht er die Ostmark unten liegen. Er zögert wieder. Da ruft Petrus ungeduldig: „Geh, mach doch schon, die scheißen ja auch auf dich."

Hitlers Geburtstag ist Nationalfeiertag. Sein Sterbetag wird internationaler Feiertag sein.

GÖRING UND DER REICHSTAGSBRAND

Auf dem Weg zur totalen Macht war der Brand des Reichstagsgebäudes in Berlin am 27. Februar 1933 eine wichtige Etappe. Obwohl die Schuld der Nazis an der Brandstiftung trotz zahlreicher überzeugender Indizien nicht nachgewiesen werden konnte, waren sie die Nutznießer des Verbrechens. Bereits am 28. Februar wurden mit der Verordnung zum „Schutz von Volk und Staat" die in der Weimarer Verfassung verankerten Grundrechte aufgehoben. Die Wahlen am 3. März 1933 fanden in einer Atmosphäre von Gewalt, Angst und Terror statt – die NS-Sturmabteilungen (SA) behinderten massiv die Aktivitäten der demokratischen Parteien. Die unter NS-Führung stehende Regierungskoalition erreichte die absolute Mehrheit. Als Organisator des Reichstagsbrandes galt in antinazistischen Kreisen und im Ausland der zweitmächtigste Mann nach Hitler, Reichstagspräsident Hermann Göring.

In dem Aufsehen erregenden Reichstagsbrandprozess in Leipzig, auf den die gesamte Weltöffentlichkeit blickte, mussten die angeklagten Kommunisten Dimitroff, Popoff und Taneff freigesprochen werden. Damit war die NS-Propagandabehauptung widerlegt, dass es sich um ein „kommunistisches Komplott" gehandelt habe. Zum Tode verurteilt wurde der in der Nähe des Brandplatzes verhaftete Holländer van der Lubbe, bei dem man ein kommunistisches Mitgliedsbuch gefunden hatte. Er stand während des ganzen Prozesses offenbar unter Drogeneinfluss und vermochte den Vorgängen im Verhandlungssaal nicht zu folgen. Göring, preußischer Ministerpräsident, Reichsjägermeister, SA-Obergruppenführer, Oberbefehlshaber der Luftwaffe, Reichsluftfahrtsminister, Beauftragter für den Vierjahresplan und anderes mehr, ließ sich auch gern als „eiserner Hermann" bezeichnen. Er war stets auf der Jagd nach neuen Funktionen, Titeln, Orden und Ehrungen. Seine Korpulenz wurde von den Normalverbrauchern, die nach der Einführung der Lebensmittelkarten von den mageren Kartenrationen leben mussten, als besondere Provokation betrachtet.

Am Abend des 27. Februar kommt Görings Adjutant atemlos ins Arbeitszimmer seines Chefs gestürzt. „Herr Ministerpräsident!“, schreit er. „Der Reichstag brennt!“ Göring schaut auf die Uhr und schüttelt verwundert den Kopf: „Schon?“

Ein SA-Mann flüstert seinem Freund zu: „Der Reichstag brennt.“ Der Freund schaut sich um, legt den Finger auf den Mund und sagt: „Pst! Erst morgen.“

„Gestern hab’ ich Göring in der Leipziger Straße gesehen!“
„So? Wo hat’s denn da gebrannt?“

Vater und Sohn sitzen beim Essen.
„Papa, wer hat den Reichstag angezündet?“
„Ess, ess *(SS)* und frag nicht weiter.“

„Wer hat den Reichstag angezündet?“
„Die Gebrüder Sass.“ *(SA, SS)*

Was ist der Unterschied zwischen einem Reichswehrkommando und einem SA-Kommando?
Bei der Reichswehr heißt es: „Legt an, gebt Feuer!“, bei der SA aber: „Gebt an, legt Feuer!“

Göring ist begeistert von der Wiener Küche und bestellt abgeschmalzene Nudeln. Weil es ihm zu lange dauert, geht er selbst in die Küche, um an seine Bestellung zu erinnern. Dort sieht er, dass die Köchin die staubtrocke-

nen Nudeln in einer Pfanne herumschupft und dabei immer wieder „Heil Hitler“ sagt. Mit drohender Miene fragt Göring, was das bedeuten soll.
„Mein Gott, wir haben keine Butter mehr, also muss ich’s halt so probieren!“, antwortet die Frau. „Schließlich sind Sie ja auch durch Heil-Hitler-Schreien fett geworden.“

Warum bekommt man in ganz Deutschland keinen Spagat mehr zu kaufen?
Weil Göring beim letzten Fasching als Rollschinken maskiert war.

Der Schönbrunner Pepi war der bekannteste österreichische Elefant. Plötzlich taucht ein Gerücht auf, dass man ihn abgestochen habe.
„Ja, warum denn?“, erkundigen sich die Leute voll Empörung.
„Weil der Göring eine Lederhose haben wollte.“

Weiß Ferdl treibt drei fette Schweine auf die Bühne und stellt sie dem Publikum als „Familie Mann“ vor. „Dies kleine Schwein ist Fräulein Mann, das größere Frau Mann. Und das ganz dicke, fette, das ist Her(r) Mann.“
Weiß Ferdl wird vorübergehend in Schutzhaft genommen, dank seiner Beziehungen aber bald entlassen. Bei seinem nächsten Auftritt kommt er wieder mit den drei Borstentieren auf die Bühne: „Das ist Fräulein Mann, das hier Frau Mann – und wegen diesem Schwein habe ich drei Wochen brummen müssen.“

Hitler begegnet dem nackt durch die Straßen marschierenden Göring. „Warum gehst du denn nackt herum?“, mokiert sich der Führer. „Damit die Leute sehen, dass es noch Speck und Eier gibt.“

Im Hause Göring ist Wasserrohrbruch. „Schnell, Emmi!“, ruft Hermann aufgeregt. „Meine Admiralsuniform!“

Hermann Göring besteigt den Stephansturm und lässt sich die Umgebung Wiens erklären. Man zeigt ihm den Kahlenberg, den Leopoldsberg und schließlich den Hermannskogel.
„Ach nee", lächelt Hermann geschmeichelt, „det wär' ja jar nich' nötig jewesen."

Als Emmi nachts erwacht, sieht sie, wie Hermann eifrig im Wäscheschrank wühlt und dabei dauernd murmelt. „Was machst du denn nur, Hermann, zählst du etwa deine Wäsche?" „Keineswegs", erklärt Hermann, „ich befördere nur meine Unterhemden zu Oberhemden."

Als im Jahre 1942 zur Kennzeichnung und Diskriminierung der „Judenstern" eingeführt wurde, bemerkte man, das sei der einzige Stern, den Göring nicht tragen könne.

Göring hat neuerdings quer über seine Ordensschnalle einen Pfeil als Richtungsanzeiger: „Fortsetzung auf dem Rücken."

Göring schläft immer bei offenem Fenster – auch im Winter –, weil er hofft, dass doch noch einmal der Abendstern auf ihn fallen wird.

Warum war Göring nur so kurze Zeit in Wien?
Man hat ihn nicht gerne gesehen, denn es haben alle um den Praterstern gebangt.

Göring geht mit seinem Hund spazieren. Ein Hundefänger hält ihn an und sagt: „Verzeihung, Exzellenz, aber Ihr Hund hat keine Hundemarke!" Göring erstaunt: „Nanu, ich hatte doch eine!" Da fällt der Blick des Hundefängers auf die ordensgeschmückte Brust Görings und erleichtert ruft er aus: „Alles in Ordnung! Da ist sie ja!"

Hitler, Göring und Goebbels besuchen ein Stahlwerk und

kommen an einem großen Magneten vorbei. Auf einmal ist Göring verschwunden. Hitler und Goebbels suchen ihn und entdecken ihn schließlich unter dem Dach der Halle – schwebend. Ein Magnet hatte ihn hochgehoben.

Göring hat Flugverbot bekommen.
Warum?
Jedes Mal, wenn er geflogen ist, hat ein Stern am Himmel gefehlt.

Auch die Stationsvorsteher der Reichsbahn wollen Göring eine Aufmerksamkeit erweisen. Sie überreichen ihm daher eine rote Mütze und einen Signalstab. Diese sollen immer griffbereit auf Görings Nachttisch liegen, damit er sich ihrer bedienen kann, wenn er einen fahren lassen will.

Die Verhandlungen mit dem Heiligen Stuhl sind ins Stocken geraten. Hitler schickt seinen Stellvertreter Heß, damit dieser vermittle. Heß kommt nicht wieder und schickt ein Telegramm: „Bin in den Schoß der Kirche zurückgekehrt."
Hitler betraut nun Goebbels mit derselben Mission. Der telegraphiert nach kurzer Zeit: „Habe den Glauben meiner Jugend wieder gefunden, gehe ins Kloster."
Nun schickt Hitler sein bestes Stück, nämlich Göring. Nach zwei Tagen kommt ein Telegramm: „Habe Ordnung geschaffen. Papst abgesetzt. Tiara passt ausgezeichnet. Papst Hermann I."

Was ist Brudermord?
Wenn Hermann Göring ein Schwein schlachtet.
Und was ist Selbstmord?
Wenn man diesen Witz in der Öffentlichkeit erzählt.

GOEBBELS

Organisator und Dirigent der Propaganda, der Mann, der die öffentliche Meinung im Sinne des NS-Staates prägte und manipulierte, war der Reichsminister für Volksaufklärung und Propaganda, Joseph Goebbels. Er verstand es, wirksame Werbetechniken einzusetzen. Der götzenähnliche Führerkult war vor allem sein Werk. Dem Volk wurde immer wieder eingehämmert: „Recht ist, was dem Volke nutzt.“ Was aber dem Volk zu nützen hätte, bestimmte die Partei. Goebbels war der Schöpfer der jeweils für bestimmte Anlässe benötigten Fälschungen und Gräuelnachrichten. Seine Aufgabe war es auch, während des Krieges die anfänglichen Erfolge propagandistisch auszuschlachten und die späteren Niederlagen zu bagatellisieren beziehungsweise in Erfolge, etwa „strategische Absetzbewegungen“, umzumünzen.

Selbst zu einer Zeit, als es schon klar war, dass der Krieg verloren war, „predigte“ er noch den Kampf bis zum „Endsieg“. Nach Stalingrad rief er am 18. Februar 1943 in einer Großkundgebung im Berliner Sportpalast zum „totalen“ Krieg auf. Goebbels war – neben Rosenberg – einer der Haupteinpeitscher der Hetze gegen die Juden, die bis zur Lächerlichkeit für alles Negative verantwortlich gemacht wurden.

Goebbels war auch oberster Kulturfunktionär (Präsident der Reichskulturkammer u. a.). Ungeachtet seines nicht dem deutschen Idealbild entsprechenden Äußeren – klein, unansehnlich, hinkend –, war er in zahlreiche Affairen verwickelt, obwohl auch dies nicht den von ihm propagierten Vorstellungen vom verheirateten deutschen Mann und Vater mehrerer Kinder entsprach. Besonders hatte er es auf Schauspielerinnen abgesehen. Berüchtigt wurde seine Affaire mit der damals bekannten Schauspielerin Lida Baarova, derentwegen es zu einem Zusammenstoß mit dem Schauspieler Gustav Fröhlich gekommen sein soll. Goebbels sei deshalb auch von Fröhlich – was von diesem allerdings bestritten wurde – geohrfeigt worden.

Ein Conférencier in einem Variété: „Wir möchten einmal Fröhlich sein." – Das Publikum applaudierte begeistert.

Goebbels ist Weltmeister im Seitensprung.

„Haben Sie schon gehört, dass die Siegessäule jetzt erhöht wird?"
„Warum denn?"
„Weil dort die letzte Jungfrau in Berlin steht, an die Goebbels nicht herankommen soll."

„Wer ist der geizigste Mensch?"
„Der Goebbels!"
„Wieso?"
„Der hat mit seinem Maul schon zwei Jahre den Sieg in der Tasche und gibt ihn nicht her."

Trotz der schlechten Stimmung in der Bevölkerung hat Goebbels bei einer Straßensammlung in Wien einen Riesenerfolg. Fast kein Kleingeld, nur Banknoten sind in den Sammelbüchsen. Erstaunt fragen Hitler und Göring, wie er das gemacht hat. „Ach", lacht der Propagandaminister, „das war ganz leicht, ich hab' mir nur einen Bart aufgeklebt, damit mich niemand erkennt und habe ganz laut und deutlich über euch geschimpft."

„Im Schwarzwald ist jetzt die größte Tanne gefällt worden."
„Warum?"
„Daraus soll eine Mundharmonika für Goebbels gemacht werden."

Goebbels ist Ehrenbürger der „Spargelstadt“ Schwätzingen geworden, weil er der einzige Deutsche ist, der den Spargel quer essen kann.

Während eines Presseempfangs wendet sich der Reichsminister für Volksaufklärung und Propaganda, Joseph Goebbels, an einen amerikanischen Journalisten und sagt: „Wenn Ihr Roosevelt eine SS hätte wie unser Führer, dann gäbe es in den USA keine Gangster mehr!“
„Bestimmt nicht“, erwidert der Amerikaner höflich, „die wären dann alle längst Standartenführer.“

Lügen haben ein kurzes Bein.

Goebbels ist gestorben und begegnet im Jenseits einem gepanzerten Herrn, der sich vorstellt: „Ich bin Götz von Berlichingen mit der eisernen Hand.“ Goebbels: „Ich bin der Dr. Goebbels mit der feurigen Zunge.“ Götz von Berlichingen nach kurzem Zögern, indem er sich entschlossen umdreht und leicht bückt: „Und trotzdem.“

Goebbels wird nach seinem Tod ausgeschrottet. Das Hirn bekommt der Führer. Die Berliner erhalten die Suppenbeine. Und das Maul reicht fürs ganze deutsche Volk.

In der Hölle gibt es einen großen Sumpf für die Lügner. Je mehr einer im Leben gelogen hat, desto tiefer versinkt er darin. Hitler und Göring, die bis zum Hals drin stecken, sehen voll Neid auf den kleinen Goebbels, der nur bis zum Bauch eingesunken ist.
„Du bist doch der größte Lügner, den es je gegeben hat! Wieso bist du noch nicht versunken?“, fragen sie ihn.
„Ich stehe auf Mussolinis Schultern!“, sagt Goebbels.

Goebbels beklagte sich bei Hitler, dass Göring mehr Titel und Ehrungen zuteil würden als ihm. Darauf ernannte ihn Hitler ausgleichsweise zum Admiral der Großrederei.

„Mein Führer! Ich melde Ihnen achttausend SA-Männer im Sportpalast angetreten und achttausend vor dem Sportpalast – macht zusammen achtundachtzigtausend."

„Wir werden dem deutschen Soldaten nicht ein, nicht zwei, nicht drei – nein, wir werden dem deutschen Soldaten Vierfruchtmarmelade an die Front schicken!"

Goebbels muss operiert werden.
„Warum?"
„Bei dem Versuch, die Stimmung der Bevölkerung zu heben, hat er sich einen Bruch zugezogen."

HIMMLER, RÖHM UND HESS

Der Organisator des NS-Terrorapparates war Heinrich Himmler, Reichsführer der SS und Chef der deutschen Polizei. 1943 wurde er zusätzlich Reichsinnenminister und 1944 Chef des Ersatzheeres. In seine Verantwortlichkeit fällt die von Hitler angeordnete „Endlösung der Judenfrage“, er stand an der Spitze des „KZ-Imperiums“.

Ernst Röhm, Stabschef der SA, wurde am 30. Juni 1934 von einem SS-Kommando erschossen, nicht wegen seiner seit langem bekannten homosexuellen Neigungen und seines anrüchigen Lebenswandels, sondern weil er dem „Führer“ politisch unbequem geworden war. Auf diese Weise wurde auch das durch Röhm belastete Verhältnis zur Wehrmacht bereinigt. Röhm hatte eine Volksarmee angestrebt, deren Kern die SA hätte sein sollen.

Rudolf Heß, Stellvertreter des Führers und Reichsminister, flog im Mai 1941 – angeblich ohne Wissen Hitlers – nach England, in der Hoffnung, Großbritannien für einen gemeinsamen Kampf gegen die Sowjetunion gewinnen zu können. Nach dem Bekanntwerden dieser Aktion wurde von der NS-Propaganda erklärt, Heß habe in geistiger Umnachtung gehandelt.

Was ist eine Ironie der Weltgeschichte?
Dass der Scharfrichter der Hölle Himmler heißt.

Das geltende Strafgesetz genügt den Ansprüchen Himmlers nicht mehr. Die Neufassung soll drei Paragraphen umfassen:

§ 1 Wer etwas unternimmt oder unterlässt, wird bestraft.

§ 2 Die Strafe richtet sich nach dem gesunden Volksempfinden.

§ 3 Was gesundes Volksempfinden ist, bestimmt die Partei.

Einmal will Himmler einen Witz über sich hören. Er wendet sich mit diesem Anliegen an einen „Volksgenossen". Der wehrt ab, weiß er doch um die möglichen Konsequenzen. Als ihm aber der oberste Polizeigewaltige ehrenwörtlich versichert, dass er nichts zu befürchten habe, sagt er:
„Wissen Sie, was der Unterschied zwischen Ihnen und Heß ist?" „Nein", sagt Himmler, „und der wäre?"
„Wie der Heß nach England geflogen ist, war das hässlich. Wenn Sie es aber täten, wäre das himmlisch."

Der Berliner Sender hatte als Pausenzeichen den Liedrefrain: „Volk ans Gewehr, Volk ans Gewehr!" Neuerdings hieß er: „Arsch an die Wand, Röhm geht durchs Land!"

Seitdem Hitler in seinen 12 Punkten öffentlich über die in den Reihen der SA eingerissenen Perversitäten klagte, versteht das Volk erst, was Stabschef Röhm in seiner Rede an die Jugend so anschaulich darstellte: „In jedem Hitlerjungen steckt ein SA-Führer."

Wandspruch bei Röhm:
Nach 4 Uhr lass die Arbeit ruhn
und freu dich auf den Afternoon.

Röhm verbringt seinen nächsten Urlaub in Italien.
„Aha."
„Ja, er will einige Tage am warmen Po verbringen."

„Schade, dass man den Röhm erschossen hat!"
„Wieso?"
„Man sagt, er habe gute Absichten gehabt. Er wollte in Kürze von vorne anfangen."

Seitdem Röhm im Himmel ist, tragen die Engel ihre Feigenblätter hinten.

Röhms Grab soll folgende Inschrift erhalten:
Hier ruht Stabschef Röhm,
47 Jahre alt.
Früher war er warm,
jetzt ist er kalt.

Das Flugzeug, mit dem Heß floh, hatte unter den Tragflächen die Inschrift NSV, „Nicht schießen, verrückt!" und DAF, „Die andern folgen"! *(NS-Volkswohlfahrt und Deutsche Arbeitsfront)*

Das kriegerische Engellandlied: „Denn wir fahren, denn wir fahren gegen Engelland", wurde so interpretiert:
Man spielt und singt im ganzen Land:
„Wir fahren gegen Engelland!"
Doch, wenn dann wirklich einer fährt,
dann wird er für verrückt erklärt.

Rudolf Heß wird Churchill vorgestellt, der ihn fragt:
„Also, Sie sind der Verrückte?"
„Nein", erwiderte Heß, „ich bin nur sein Stellvertreter."

Im KZ treffen sich zwei alte Bekannte.
„Warum bist du denn hier?"
„Ich habe am 5. Mai gesagt: ‚Heß ist verrückt'. Und du?"
„Ich habe am 15. Mai gesagt: ‚Heß ist nicht verrückt.'"
(Heß flog am 10. Mai 1941.)

Es ist ein Heß entsprungen,
aus einer Messerschmitt
und hat dabei gesungen:
„Ich mache nicht mehr mit."

Einige Tage nach dem Heß-Flug meldete der englische Rundfunk:
„Heute fanden keine weiteren Einflüge deutscher Minister auf englisches Gebiet statt."

Was ist paradox?
Wenn im Dritten Reich der zweite Mann als Erster türmt.

Der Abflug von Heß war von Augsburg aus erfolgt. In Anspielung auf die Namensbeifügungen einiger Städte (München, Hauptstadt der Bewegung; Nürnberg, Stadt der Reichsparteitage; Graz, Stadt der Volkserhebung) wurde Augsburg im Volksmund zur Stadt des ungeahnten Aufstiegs.

Hitler an Heß: „Kehre zurück – alles verziehen."
Heß an Hitler: „Ich bin doch kein Narr."
Hitler an Heß: „Ich trage dir nichts nach."
Heß an Hitler: „Nicht nötig, habe alles mit."

Brief von Heß an Hitler:
Hör auf mit dem Krieg,
pfeif auf den Sieg.
Nimm wieder den Pinsel,
komm zu mir auf die Insel
und spiele verrückt,
mir ist es auch geglückt.

Die SS
sucht den Heß,
die SA
sucht ihn a.
Die NSV
sucht seine Frau
und jetzt, wo alles scheppert,
erklärt man ihn für deppert.

Der Stellvertreter des Führers ist der Einzige, dem die Invasion der Insel gelang.

DIE PARTEIBONZEN IM GRUPPENBILD

Der Flüsterwitz nahm nicht nur einzelne Parteibonzen aufs Korn, sondern häufig auch die ganze Clique. Die folgenden Flüsterwitze und Spottgedichte beziehen sich nicht auf einzelne Personen, sondern auf die Führungsschichte der Partei.

Nach der Liquidierung Röhms:
„Gott erhalte den Hitler. Gott erhalte auch den Göring und den Goebbels. Den Röhm hat er ja schon erhalten.“

In einer Schule in Berlin hingen nebeneinander ein Hitlerbild und ein Bild von Göring. Der Lehrer fragt seine Schüler: „Welches Bild gehört zwischen diese beiden?“ Er meinte natürlich Hindenburg. Ein kleiner Junge meldete sich und sagte: „Ein Bild von Christus.“ „Wie kommst du denn darauf?“, fragte der Lehrer. „Ja“, meinte der Schüler, „Christus ist doch schon einmal zwischen zwei Verbrechern aufgehängt worden.“

Einem Bauern wurde die Kuh gestohlen. Als er mit dem Kreisleiter darüber spricht, fragt ihn dieser, ob er seine Kuh wieder erkennen könne. Der Bauer antwortete: „Ja, freilich, sie ist rückwärts so braun wie der Hitler, bei der Mitte so dick wie der Göring und Augen macht sie wie ein Illegaler, der den Einberufungsbefehl bekommen hat.“ *(Die illegalen Nationalsozialisten in Österreich wurden nach 1938 bevorzugt behandelt.)*

Der Berliner Zoo wurde ausgeraubt.
Übriggeblieben sind ein hatscherter Hund, eine fette Sau und ein kastrierter Hahn. *(Goebbels, Göring, Hitler)*

Hitler lässt seinen drei liebsten Komplizen Rangerhöhungen zukommen:
Reichsmarschall Göring wird zum Weltmarschall ernannt.
Goebbels wird Halbweltmarschall.
Und Himmler wird Unterweltmarschall.

Göring, Hitler und Goebbels überfahren in einem kleinen Ort einen Hund. Zuerst wollen sie weiterfahren, aber schließlich soll Goebbels aussteigen und sich für alle entschuldigen.
Nach einer Weile kehrt er mit zwei fetten Gänsen unter den Armen zurück. Darüber staunen die beiden anderen sehr.
Goebbels berichtet: „Ich habe es ganz fix gemacht, hab' nur gesagt: ‚Heil Hitler, der Hund ist hin!' Daraufhin sind sie mir um den Hals gefallen, haben mich abgeküsst und nicht gehen lassen, ohne dass ich die beiden Gänse mitnehme."

Welcher Unterschied ist zwischen einem Langholzfuhrwerk und der deutschen Regierung?
Bei Ersterem sind die Lumpen hinten dran.

Die Nazis haben mit den Tauben viel gemein. Sie sitzen auch auf den höchsten Spitzen, verunreinigen die Kirchen und lassen sich von den anderen erhalten.

Hitler, Goebbels und Göring machen einen Rundflug über die deutschen Städte. Überall herrschen Not und Hunger. Hitler hat eine menschliche Minute und wirft Brotmarken ab. Göring lässt sich nicht lumpen und wirft sogar Fleischmarken hinunter. Goebbels fragt den Piloten, womit man der Bevölkerung noch mehr Freude machen könne. Der Pilot wendet sich mit grimmigem Gesicht zurück und antwortet: „Wenn ich euch alle drei hinabwerfen würde."

Hinter dem Führer geschlossen,
stehen seine braunen Parteigenossen.
Doch die gewöhnlichen Lappen
haben zu halten die Pappen,
zu schuften von früh bis spät,
bis dass die Haut auf Fransen geht.

Wiener: „Bitte, ein Bier!“
Kellner: „Ist heut' keins mehr da.“
Wiener: „Bitte, ein Glas Wein.“
Kellner: „Wird nicht mehr ausgeschenkt.“
Wiener: „Dann geben S' ma in Gottes Namen Sodawasser.“
Kellner: „Bedaure, wird im Zuge der Rüstungsschlacht nicht mehr erzeugt.“
Wiener: „Ja, Himmel Herrgott, da soll doch endlich den Hund, dem wir das alles verdanken, der Teufel holen.“
Daraufhin erscheint ein Gestapobeamter und führt den Gast ab. Auf der Gestapo wird der Wiener streng gefragt, wen er eigentlich mit „Hund“ gemeint habe.
„No, wen denn, den Churchill natürlich.“
Darauf der Gestapobeamte: „Ja, das ist dann etwas anderes.“ Nachdem der Wiener das Protokoll unterschrieben hat, wird er entlassen. Vor der Tür dreht sich der Österreicher um und fragt herausfordernd: „Na, und ihr – wen habts denn nachher ihr gemeint?“

In Tirol lassen sie die drei obersten Nazis nicht herein. Denn Hitler würde sofort das goldene Dachl stehlen, Göring würde sich die Nordkette umhängen, und Goebbels würde mit der Frau Hitt ein Verhältnis anfangen.

Eine Kuh, eine Ziege und ein Esel in einem Schweizer Stall wollen nach Deutschland auswandern, weil sie meinen, dort werde es ihnen besser gehen. Die Kuh zieht zuerst los, kommt aber bald wieder zurück, dem Verhungern nahe, und klagt: „Hier werde ich zwar gemol-

ken, aber ich habe mein Fressen und meinen guten Stall. Dort aber wird man nur gemolken und wieder gemolken und bekommt nichts zu fressen."
Darauf versucht es die Ziege. Doch auch sie kommt bald halb krepiert zurück und sagt: „Ich habe an der Hauptstraße nur ein paarmal gemeckert; daraufhin haben sie mich eingesperrt und fürchterlich misshandelt."
Als Letzter kommt der Esel zurück. Er ist in großer Eile, tut sehr geschäftig. Er holt nur seine Sachen und muss gleich wieder zurück. – Er ist Gauleiter geworden.

In Weiß Ferdls Kabarett kam es zu einem Kurzschluss. Der Elektriker steht auf der Leiter und bemüht sich vergeblich um die Reparatur. Weiß Ferdl geht mit einer Laterne durch die Zuhörerreihen, leuchtet jedem ins Gesicht, dabei immer murmelnd: „Hier ist es nicht – hier auch nicht!" Dann schüttelt er bedächtig sein Haupt: „I sag's ja immer, es liegt nicht am Volk. Es liegt an der Leitung!"

Die Arbeiter der IG-Farben beklagen sich bei Hitler, dass sie immer noch hintenan stehen müssen, während die Großkopferten vorne dran seien. Hitler beruhigt sie: „Wartet nur, bis ich meinen Krieg führe, dann sollt ihr alle vorn stehen und die Großkopferten hinten."

Hitler, Himmler, Göring und Goebbels sitzen im Luftschutzbunker. Ein Volltreffer. „Wer ist gerettet?"
„Das deutsche Volk."

Einer trägt einen Koffer. Kommt ein Polizist und fragt:
„Was haben Sie in dem Koffer?"
„In dem Koffer, da ist die Regierung drin."
„Was ist drin?"
„Die Regierung."
„Öffnen Sie den Koffer!" Der Mann öffnet ihn.
„Was", schreit der Polizist, „da sind ja nur Lumpen drin!"
„Na also!", murmelt der Mann.

Zwei hohe NS-Funktionäre begegnen bei einem Spazierritt im Berliner Tiergarten einem hohen Geistlichen, ebenfalls zu Pferde. „So vornehm, Hochwürden?“, witzelt der eine SS-Führer. „Warum reiten Sie nicht auf einem Esel wie Jesus?“
„Weil alle Esel sich an der Futterkrippe befinden“, antwortet der Geistliche lächelnd.

In Berlin werden jetzt vier neue Denkmäler errichtet.
Sie stellen dar:
Hitler, den Mächtigen,
Göring, den Prächtigen,
Goebbels, den Schmächtigen
und Röhm, den Verdächtigen.

Deutschland besteht aus
einem Allmächtigen,
einem Prächtigen *(Göring),*
einem Schmächtigen *(Goebbels),*
1000 Niederträchtigen *(der Führerclique)*
und Millionen Verdächtigen.

Welche Blumen passen für die Parteigrößen?
Lorbeer für den Hitler,
Rittersporn für Göring,
Löwenmaul für Goebbels,
Vergissmeinnicht für Heß,
Zittergras für Röhm.

Was unsere Führer doch so tun für uns! Hitler stiehlt für uns, Himmler mordet für uns, Göring frisst für uns, Goebbels lügt für uns und Heß bittet für uns.

Heß schreibt von England an Hitler. Der Brief besteht lediglich aus einem Beistrich. Hitler versteht das nicht und fragt Göring. Erst Goebbels findet die Erklärung: „Komma, das heißt: ‚Komm a!‘“ *(Komm auch!)* Hitler sagt, das

könne er nicht: „Denn was würde dann aus euch werden?"
„Führer, wir folgen dir."
„Ja, aber was würde das deutsche Volk dazu sagen?"
„Führer, wir danken dir!"

Hitler, Göring, Goebbels und Röhm kommen eines Tages nach Berlin. Aber niemand erkennt sie.
Warum?
Hitler war anständig frisiert, Göring war in Zivil, Goebbels hielt den Mund und Röhm hatte ein Mädchen am Arm.

Wie muss ein Nazi sein?
Kinderreich wie der Hitler, wahrheitsliebend wie der Goebbels, bescheiden wie der Göring, nüchtern wie Bürckel *(Reichskommissar für Österreich)*, treu wie der *(abgesprungene)* Heß, geduldig wie das deutsche Volk, und heißen muss er Rosenberg (*Reichsleiter und Beauftragter für die weltanschauliche Erziehung, Reichsminister etc.)*.

Drei Mütter beobachten vom Himmel ihre Söhne und stellen Betrachtungen an.
Frau Göring: „Er ist so, wie er immer war. Ein Mascherl da, ein Mascherl dort und jeden Stern wollte er haben."
Frau Goebbels: „Auch meiner hat sich nicht geändert: nichts wie Märchen erzählen, lügen wie gedruckt und Pupperl anziehen, Pupperl ausziehen, Pupperl ins Bett."
Schließlich Frau Hitler: „Auch mein Adolf ist immer der Alte, rechthaberisch und streitsüchtig. Alles musste er haben, und was er in die Hände bekam, war kaputt."

Hitler, Göring und Goebbels kommen ins Jenseits. An der Himmelstür fragt Petrus zunächst Hitler, was er auf Erden getrieben und wie oft er gelogen habe.
Hitler frech: „Ich habe einmal gelogen, denn ich habe dem deutschen Volk zu viel versprochen."
Petrus verkündet: „Zur Strafe musst du einmal um den Himmel herumlaufen."

Nun ist Göring an der Reihe: „Ich habe den Reichstag angezündet und zweimal gelogen.“
„So, so“, brummt Petrus, „dafür musst du zweimal um den Himmel herumlaufen.“
Ehe er sich aber an Goebbels wenden kann, ruft der schon: „Einen Augenblick, ich hole mir nur ein Motorrad!“

Hitler und Göring fliehen, Hitler hat sich als alter Mann mit weißem Bart verkleidet und Göring geht an seiner Seite als beleibte alte Dame. Als sie schon lange gewandert sind, kehren sie in einem Dorfwirtshaus ein. Hitler zahlt und gibt dem Schankmädchen ein anständiges Trinkgeld. Dieses sagt: „Vielen Dank, mein Führer.“ Hitler erschrickt. Nun geht Göring zahlen und gibt auch ein gutes Trinkgeld. Das Schankmädchen sagt: „Danke schön, Herr Reichsmarschall.“ Nun sind sie beide ganz weg. Göring fragt das Mädchen ganz leise: „Wieso haben Sie uns denn erkannt?“ „Aber meine Herren“, sagt das Mädchen ebenso leise, „ich bin ja der Goebbels.“

In einer Schule fragt der Lehrer die Kinder, die zu Hause kein Führerbild haben, nach den Gründen hierfür. Fritz sagt: „Mein Vater dient bei der Luftwaffe. Deshalb hängt bei uns ein Bild von Göring.“ „Das ist gut“, sagt der Lehrer, „aber ein Bild des Führers müsste auch da sein.“ Grete meldet sich: „Mein Vater arbeitet im Propagandaministerium. Deshalb hängt bei uns ein Bild von Goebbels.“ „Gut“, sagt der Lehrer, „aber auch ein Bild des Führers ist nötig.“ Hans sagt: „Da mein Vater bei der SS ist, hängt bei uns ein Bild von Himmler an der Wand.“ „Schön“, sagt der Lehrer, „aber das Bild des Führers muss in jeder deutschen Wohnung hängen.“ Dann fragt der Lehrer Johann: „Und warum gibt es bei euch zu Hause kein Bild vom Führer?“ „Mein Vater, Herr Lehrer, ist im KZ. Aber das macht nichts. Er hat gesagt, wenn er nach Hause kommt, wird er alle vier aufhängen.“

DIE ÖSTERREICHER UND DAS REICH

Viele jener Österreicher, die einem Zusammenschluss mit Deutschland aus wirtschaftlichen Gründen oder aus ihrer deutschösterreichischen Einstellung heraus positiv gegenüberstanden, wurden angesichts der Art und Weise, wie der „Anschluss" vollzogen wurde, und seiner unmittelbaren Folgen schnell „geheilt". Sie trafen sich in einem trotzigen Österreichertum mit jenen, die sich von vornherein keinen Illusionen hingegeben hatten. Die Ernüchterung machte auch vor österreichischen Nazis nicht Halt, die sich bald von der einströmenden „altreichsdeutschen" NS-Herrenschichte, den „Piefkes" und „Preußen", an die Wand gedrückt sahen.

Bereits im März 1938 – also kurz nach dem sogenannten „Umbruch" – hatte die SS-Zeitung „Das schwarze Korps" drohend geschrieben:

„Es ist gewiss, dass der preußenabwehrende Wind, der aus lieblichen Pfarrhofgärten ebenso wie aus muffigen Bürgerstuben und aus schwülen Weinbeiseln weht, bald von einer frischen Brise weggefegt sein wird. ... Bald wird hinter jedem tätigen und untätigen Österreicher ein Preuße stehen und er wird mit bitter treffendem Tadel nicht sparen, wenn es irgendwo hapert." *(Rot-weiß-rot-Buch, Wien 1946, Seite 78.)*

Insbesondere hatte es den „Befreiern" aus dem „Altreich" die österreichische Gemütlichkeit angetan, gegen die Göring bereits am 26. März 1938 wetterte:

„Ihr müsst der Welt beweisen, dass ihr nicht gemütlich seid. Wir sind nicht gekommen, um euch das Bett zu machen. Ihr werdet anpacken und fest arbeiten, wie im übrigen Reich, und das nicht bloß acht Stunden am Tag, sondern mehr ... Tempo, Tempo ..." *(Völkischer Beobachter, 27. 3. 1938.)*

In einem „Lagebericht“ der Gestapo für die Zeit vom 1. bis 31. Juli 1939 heißt es:
„... muss darauf verwiesen werden, dass es einer geschickten Mundpropaganda gelungen ist, eine ungünstige Stimmung gegen Altreichsdeutsche zu erzeugen. So häufen sich in letzter Zeit die Fälle, dass zum Beispiel beim ‚Heurigen‘ Reichsdeutsche unter irgendeinem Vorwand angestänkert werden. Wenn sich nun der Betreffende irgendwie dagegen zur Wehr setzt, wenden sich die übrigen Gäste in einmütiger Geschlossenheit gegen ihn. Selbst in weiten Kreisen der ostmärkischen Beamtenschaft, sowie teilweise in Parteikreisen, ist diese Einstellung gegen die ‚Preußen‘ vorhanden.“ *(Rot-weiß-rot-Buch, Seite 86.)*

„Piefke“ und „Preuße“ waren in Österreich nach kurzer Zeit gleichbedeutend mit den deutschen Nationalsozialisten. Der demonstrative Gebrauch eines österreichischen Dialekts drückte die Opposition gegen die Okkupanten aus.

Der Verfasser dieser Studie war im Sommer 1938 auf einer Baustelle in Schwechat bei Wien dienstverpflichtet. Dort konnte er beobachten, wie sich österreichische Arbeiter – und nicht nur offenkundige NS-Gegner – des Dialekts bedienten, um die deutschen Arbeiter zu verwirren. Für sie war der österreichische Dialekt unverständlich wie eine Fremdsprache. Sogar bei Beschimpfungen sahen sie einander ratlos an und fragten: „Wat quasselt denn der Fritze? Ick kann den Mann nicht verstehen. Spricht der denn deutsch?“ Ein direktes Bekenntnis zu Österreich hätte sofort die Verhaftung nach sich gezogen. Wo große Gruppen waren, kam es immer wieder zu patriotischen Kundgebungen; sei es im Fußballstadion oder im Theater.

Bericht des Sicherheitsdienstes vom 16. Februar 1940: „Bei der Festvorstellung anlässlich des fünfzigjährigen Bestandes des Deutschen Volkstheaters in Wien am 15. 2. 1940 wurde Grillparzers Trauerspiel ‚König Ottokars

Glück und Ende‘ gegeben. Die Vorstellung wurde in der Reihe des KdF-Abonnements durchgeführt ... Bei dem Loblied auf Österreich, das Ottokar von Horneck vor Rudolf von Habsburg spricht, kam es an der Stelle, wo der Unterschied zwischen dem reichsdeutschen und österreichischen Geistesleben gezeichnet wird, zu ostentativem Beifall ...

Der Beifall an dieser Stelle wurde noch nicht übermäßig auffällig empfunden. Ausgesprochen demonstrativen Charakter aber trug der Beifall an einer anderen Stelle, wo er durch einen einzelnen Bravoruf ausgelöst wurde. Es war die Stelle, wo Rudolf von Habsburg erklärt:

‚... ich hab’s geschworen,
geschworen meinem großen, gnädigen Gott,
dass Recht soll herrschen
und Gerechtigkeit im deutschen Land,
und so soll’s sein und bleiben!‘“

In den Flüsterwitzen und Spottgedichten besann man sich auch auf die österreichische Geschichte, besonders auf das Jahr 1866 mit der Niederlage Österreichs gegen Bismarck-Preußen in der Schlacht bei Königgrätz.

An der Spitze jener „Preußen“, denen die Liquidierung Österreichs an Ort und Stelle von der Berliner Zentrale übertragen war, stand Gauleiter Josef Bürckel, der von den Wienern bald wegen seiner Trunksucht, die sich schnell herumgesprochen hatte, „Bierleiter Gauckel“ genannt wurde. Er hatte als „Reichskommissar für die Wiedervereinigung Österreichs mit dem Reiche“ die „Volksabstimmung“ am 10. April 1938 organisiert, nachdem über die „Ostmark“ bereits eine Terror- und Verhaftungswelle hinweggerast war. Manipulationen waren Tür und Tor geöffnet. So propagierten manche Parteistellen, dass man im Wahllokal die Wahlzellen nicht aufzusuchen brauche, da ohnedies klar sei, wie man als „Deutscher“ abzustimmen habe. – Das offizielle „Ergebnis“: 99 Prozent Ja-Stimmen.

Warum war auf den Stimmzetteln vom 10. April das „Ja“ so groß und das „Nein“ so klein gedruckt?
Ersteres für die Kurzsichtigen und Letzteres für die Weitsichtigen.

Ein Österreicher rückt zu einem deutschen Regiment ein, wo er von den Ausbildnern recht schikaniert wird. „Ach, von euch Ostmärkern sind 'mal 50 Prozent dämlich“, höhnt ein Preuße. „Jöh!“, freut sich der Österreicher. „Da haben wir uns eh schon gebessert, denn im April '38, da waren es noch 99 Prozent.“

Nach der Abstimmung konnte man auf verschiedenen Planken, mit Kreide geschrieben, lesen:

Nur die allerdümmsten Kälber
wählen ihre Henker selber.

Nach der Volksabstimmung läutet bei Graf Bobby um 12 Uhr in der Nacht das Telefon. Bobby hebt verschlafen ab und meldet sich. Am anderen Ende flötet eine Frauenstimme: „Oh, entschuldigen Sie vielmals, Herr Graf, aber ich habe falsch gewählt.“ Darauf Bobby: „Aber, meine Gnädigste! Das haben wir doch alle. Mir das mitzuteilen, das ist doch kein Grund, mich um Mitternacht aufzuwecken!“

Warum geht bei Radio Wien der Wecker nicht mehr?
(Das Pausenzeichen des österreichischen Rundfunks war im Zuge der „Neuordnung“ durch ein anderes ersetzt worden.)
Weil die Österreicher ohnedies schon erwacht sind.

Nach dem Anschluss inspiziert der Gauleiter von „Oberdonau“ eine Schule in Linz. Die Fragen des hohen Herrn und die Antworten der Schüler sind genau vorbereitet:
„Wer ist dein Vater?“ – „Adolf Hitler!“
„Wer ist deine Mutter?“ – „Großdeutschland!“

Der kleine Seppl Ebeseder kommt an die Reihe.
„Wer ist dein Vater?“ – „Adolf Hitler!“
„Wer ist deine Mutter?“ – „Deutschland.“
„Was möchtest du werden?“ – „Vollwaise, Herr Gauleiter!“

März 1938. Transparent auf der Wiener Ringstraße:

WIEN IST FREI!

Frau Pollak zu Frau Swoboda: „Was, die Deutschen sind schon wieder weg?“

1866 warfen sie uns nieder,
bei Königgrätz, die preußischen Brüder.
Und wie die räudigen Hund'
warfen sie uns aus dem Deutschen Bund.
Wir waren immer die Lappen,
Ostmärker, die schlappen.
Doch als sie brauchten unsere Butter
und uns selber als Kanonenfutter,
unsere Rohstoffe und unser Gold,
da haben sie uns wieder heimgeholt.
Doch wir pfeifen auf die Preußen,
und werden s' wieder außischmeißen.

Ein Deutscher und ein Österreicher unterhalten sich über den Anschluss 1938. Der Deutsche sagt: „Hitler ist ein Geschenk Gottes an das deutsche Volk.“ Der Österreicher antwortet: „Der Hitler? Den haben wir Österreicher doch auf euch losgelassen, als Rache für 1866.“

Großvater, Vater und Sohn sprechen über den Krieg. Der Sohn rühmt den modernen Krieg, der Vater den Ersten Weltkrieg. Der Großvater aber schwärmt: „Am schönsten war's halt doch im sechsundsechziger Jahr, da hat man auf die Preußen schießen können.“

Im Jahre 1939 wurde Bürckel von Wien abgezogen, es

hieß, zunächst nur vorübergehend. Daraufhin erzählte man sich, dass in Wien alle Fliederbäume ausgerissen werden.
„Ja, warum denn?"
„Weil der Bürckel, bevor er gegangen ist, gesagt hat: ‚Wenn der Flieder blüht, komme ich wieder.'"

Als Bürckel von Wien kommend in Lothringen, seiner Heimat, eintraf und dort eine endlose Ansprache hielt, war der Applaus nicht besonders stark. Ein Mann aber klatschte begeistert und trug seine Freude über den Parteigewaltigen lebhaft zur Schau. „Dableiben! Dableiben!", rief er immer wieder. Bürckel war ganz gerührt und zeichnete den Mann mit einem Händedruck aus: „Sie sind wohl ein Lothringer, wie?" „Ah, woher denn", antwortet der Mann treuherzig, „i bin a Weaner."

Ein Österreicher und ein Preuße streiten miteinander, weil der Erste nur gute Worte für Großbritannien findet. „Gott strafe England!", ruft der Piefke voll Zorn. Der Österreicher ergänzt boshaft: „Und schenke ihnen Preußen!"

Ein Piefke erkundigt sich bei einem Wiener Schusterbuben, wie spät es ist. „3/4 9. Um 9 kannst mir den Buckel runterrutschen." Dann dreht er noch eine lange Nase und läuft davon. Der Piefke rennt atemlos hinter ihm her, bis ihn ein Wachmann aufhält. Empört schildert er ihm den Vorfall. Der Polizist wundert sich: „Und deswegen haben Sie es so eilig? Bis um 9 haben S' ja noch 10 Minuten Zeit."

Drei Stumme reden in der Gebärdensprache aufgeregt aufeinander ein. Auf einmal haut der eine dem anderen eine runter. Umstehende fragen nach dem Grund. Sagt der Dritte, der sich ein bisschen verständigen kann: „Ihm ist halt die Geduld gerissen, weil er den preußischen Dialekt von dem andern nicht vertragen kann."

Ein reichsdeutscher Feldwebel zu einem österreichischen Rekruten: „Wie heißen Sie, Mensch?“
„Pöll!“
„Wie, Mensch?“
„Pöll!“
„Pöll? Mensch, ick verstehe immer Pöll. Buchstabieren Sie ’mal ihren dämlichen Namen!“
„Alstern: P wie Piefke, Ö wie Österreich und L wie leck mich, Letzteres aber bitte zweimal.“

Ein Österreicher sitzt einem Preußen in einem Zugabteil gegenüber. Der Piefke schläft und schnarcht mit weit offenem Mund. Der Österreicher ärgert sich, bis es ihm schließlich zu dumm wird. „Hörst“, schreit er aufgebracht, „mach doch wenigstens beim Schlafen das Maul zu!“

Man erzählt, dass die Piefkes jetzt einen Zippverschluss über den Mund bekommen sollen.
„Ja, warum denn das?“
„Na, dass ihnen nicht einmal beim Reden die obere Kopfhälfte nach hinten fällt.“

Zwei Totengräber schaufeln das Grab eines Piefkes zu. Aber so sehr sie auch schaufeln, die Grube wird und wird nicht voll. Schließlich ist es einem zu dumm und er steigt in die Grube, um nachzuschauen. Verärgert kommt er wieder herauf. „Das ist ja kein Wunder“, schimpft er, „der hat ja noch die Pappen offen gehabt.“

Den Piefkes werden die Ohren weiter nach hinten versetzt.
„Ja, warum denn?“
„Damit sie die Pappen noch weiter aufreißen können.“

Ein Tourist aus Berlin kommt nach Tirol. Bei einem Spaziergang spricht er einen Bauern an, der eine Fuhre Langholz ins Tal bringt: „Sajen Se ’mal, Männeken, wozu braucht Ihr so lange Stanjen?“ „Dees gibt Fotzhobeln *(Mundharmonikas)* für die Piefkes.“

Ein Besucher aus dem Altreich kommt in ein Wiener Papiergeschäft und verlangt Schreibpapier. Er befühlt es lange und kommt zu dem Schluss: „Bei uns im Altreich gibt es viel feineres Papier.“ Der Verkäufer schaut den Kunden an und sagt: „Ich möcht’ Ihnen da net widersprechen, der Herr hat daheim bestimmt auch viel feinere Lumpen.“

Es kommt ein Berliner auf einen Wiener zu und fragt barsch: „Mensch, wo ist hier ’mal der Stephansdom?“ Darauf der Wiener: „Bei uns sagt man ‚bitte‘, wenn man was will.“ „Ach nee“, sagt daraufhin der Deutsche und macht kehrt, „da verloof ick mir lieber.“

Piefke: „Jetzt ist es aus mit eurer Gemütlichkeit, eurer österreichischen. Ihr werdet erleben, dass in Deutschland alles verwertet wird. Bald werden wir sogar aus Zwiebeln Geld machen.“
Österreicher: „Dös hab’ ich mir eh schon denkt. Denn immer, wenn ich in mein Geldbörsl schau, kommen mir die Tränen.“

Die Wissenschaft zählt unter den Gelehrten
aus Österreich gar manchen Experten.
Von uns kamen Mozart, Schubert und Ziehrer
und Deutschland bekam von uns nur den Führer.
Und sollte ein Piefke uns dennoch verunglimpfen,
wir denken an Goethe und lassen ihn schimpfen.

Kurz nach dem „Anschluss“ besucht Hitler inkognito Wien. Interessehalber geht er auch zum Heurigen. Dort beobachtet er einen Mann, der einen Liter nach dem andern hinunterstürzt und schon ziemlich betrunken ist.

Schließlich kann sich Hitler nicht mehr zurückhalten. „Mann“, sagt er, „ist Ihnen denn nicht leid um die Reichsmark?“ - „Nein“, schluchzt der, „aber um die Ostmark.“

Die Bauern eines Tiroler Dorfes wollen nach der Okkupation Österreichs wissen, was denn eigentlich der Nationalsozialismus sei. Sie beschließen, durch eine Abordnung Hitler befragen zu lassen. Hitler empfängt die Delegation und führt sie an ein Fenster der Reichskanzlei. „Seht!“, sagt er und deutet hinaus. „Da fährt jetzt ein Auto, bald aber werden es viele sein. Das ist der Nationalsozialismus.“ Dann weist er auf einen Schornstein. „Seht ihr, das ist ein Schornstein. Bald werden es Tausende sein. Das ist der Nationalsozialismus.“
Die Abordnung ist zufrieden und kehrt in die neue Ostmark zurück. Im Dorf versammeln sich die Bauern, um ihre Abgesandten zu hören. Der Leiter der Delegation tritt an das Fenster der Gemeindestube. Er schaut hinaus. Ein Auto fährt nicht vorüber, wohl aber ein Mistwagen. Rasch entschlossen erklärt er: „Seht ihr, das ist ein Mistwagen, bald werden es viele sein. Das ist der Nationalsozialismus.“ Und da er keinen Schornstein rauchen sieht, zeigt er auf den gegenüberliegenden Friedhof: „Seht ihr, das ist ein Friedhof. Bald werden es Tausende sein. Das ist der Nationalsozialismus.“

In einer Wiener Schule lässt der Lehrer die Kinder Gedichte aufsagen. Pepperl meldet sich:
„Unsre Katz’ hat Junge kriegt,
neune an der Zahl,
achte habn ‚Heil Hitler‘ g’schrien,
das Neunte war neutral.“
Das Gedicht gefällt dem Lehrer sehr, sehr gut. Daher fordert er anlässlich des Besuches eines prominenten Parteifunktionärs, der in Begleitung des Schulinspektors die Schule besucht, den Pepi auf, wieder das Gedicht vorzutragen.

„Unsre Katz' hat Junge kriegt,
neune an der Zahl,
eines hat ‚Heil Hitler' g'schrien,
die andern warn neutral."
Der Lehrer ist verlegen und verärgert:
„Das letzte Mal hast du das Gedicht aber viel schöner aufgesagt."
„Ja, Herr Lehrer, aber damals warn die Katzerln noch blind und jetzt sehen sie schon."

Die Österreicher riefen vor dem Anschluss:
„Wir wollen heim ins Reich!",
nach dem Anschluss:
„Wir wollen heim, uns reicht's!"

Bevor der Hitler kam, ging es uns schlecht. Jetzt geht's uns besser. Aber wann wird es uns wieder gut gehen?

„Was ist das, ein Österreicher?"
„Einer, der es vor 1938 gar nicht erwarten konnte, ein Deutscher zu sein, und nachher Rotz und Wasser heulte, weil er es sein musste."

Früher ist uns Unrecht geschehen.
Jetzt geschieht uns recht!

Nach dem Anschluss nahmen an einem Dichtertreffen in Weimar auch die österreichischen Schriftsteller teil. Bei einem Empfang sprach Goebbels einen Wiener Literaten an: „Was sollen wir tun, um Kunst und Kultur in Österreich zu heben?" Der Wiener antwortete: „In Ruh' lassn, Herr Reichsminister!"

Goebbels geht anlässlich eines Wienbesuchs zum Heurigen: „Ich trinke darauf, dass Wien eine wahre Kulturstadt werde!" „Bleibe, Herr Reichsminister, bleibe!", war die Antwort eines Wieners.

Gleich nach dem Anschluss erschien eine Horde Nazis bei Sigmund Freud in der Berggasse und stahl bei der „Hausdurchsuchung“ 7000 Schilling aus dem Safe. Freud: „Als Arzt habe ich für eine Visite nie so viel Geld bekommen.“

Die NS-Führung hat beschlossen, in Österreich vorläufig keine Gasmasken auszugeben, weil dort die Gesichter immer länger werden.

Ein „Altreichsdeutscher“ besucht die „heimgeholte“ Ostmark. Er möchte einen Kaiserschmarrn essen, hat aber angesichts der „Neuordnung“ Hemmungen, nach einem Schmarren zu fragen, der nach dem Kaiser benannt ist. So bestellt er: „Einen Hitlerschmarrn!“ Der Ober enteilt und kommt mit einer Zeitung zurück: „Bitt' schön, der Herr. Hier ist der Völkische Beobachter.“

Am Westwall treffen preußische Soldaten zum ersten Mal auf Soldaten aus den „Donau- und Alpengauen“ und bemerken hocherfreut: „Na, sieht man endlich auch ein paar Ostmärker.“ Prompt kommt als Antwort zurück: „Ostmärker? Wir sind Österreicher. Die Ostmärker sind alle zu Hause.“

Goebbels wird vom Arzt viel Milch verordnet. Da fragt er Hitler, wo er wohl eine gute Kuh herkriegen kann. Der rät ihm, sich eine aus der erst vor kurzem angeschlossenen Ostmark zu holen. Goebbels sucht sich ein Tier aus und will es selbst ins Altreich bringen. Doch an der Grenze bockt die Kuh und ist nicht zu bewegen weiterzugehen. In seiner Not wendet sich Goebbels an den Führer. Der sagt zu ihm: „Was! Nicht einmal eine Kuh bringst du herüber. Ich bin halt ich ein Kerl, ich habe – ohne irgendeine Anstrengung – Millionen Ochsen heim ins Reich geholt.“

Die Selbstversorger ohne Genierer,
die preußischen Wirtschaftsführer.
Die Neureichen, die aus dem Altreich stammen,
die voll gefressenen Hitleranbeter,
Kriegsschmarotzer und Volksverräter.
Die Straßenräuber in Amtslokalen,
die Preußen, die mitten in unseren Qualen,
nichts als prahlen, prahlen und prahlen.

Wir wollen keinen Krieg!
Wir brauchen keinen Sieg!
Wir pfeifen auf das Reich!
Wir wolln ein freies Österreich!

Graf Bobby bekommt eine Vertrauensstelle bei der Gestapo. Er muss alle nach ihrer Gesinnung fragen und jene, welche Gegner des Regimes sind, verhaften. So kommt einmal auch Rudi an die Reihe.
Bobby fragt ihn: „Hast du die gleiche Gesinnung wie ich?“ Darauf Rudi: „Also, da fragst du noch? Das ist doch selbstverständlich.“ Bobby ruft ganz bestürzt aus: „Oh, das tut mir aber Leid. Denn da muss ich dich verhaften.“

Drei vom Volksgerichtshof zum Tode Verurteilte werden um ihre Wünsche nach ihrer letzten Mahlzeit gefragt und wo sie begraben sein wollen. Der Sozialist bestellt ein Schweinernes, und liegen möchte er neben Victor Adler. Der Christlichsoziale wünscht sich ein Backhendl und möchte neben Lueger begraben werden. Der Letzte, ein Jude, wünscht sich Bananen. Man sagt ihm, dass die während des Krieges nicht zu erhalten seien. Darauf der Jude: „Ich kann warten.“ Nun soll er noch sagen, wo er begraben sein möchte. Da sagt er: „Neben dem Hitler.“ Man schreit ihn an, ob er denn verrückt sei. Hitler lebe ja noch. „Ich kann warten, hab' ich doch schon einmal gesagt.“

Anlässlich eines Fußballspieles im Wiener Stadion zwischen dem Wiener Klub „Rapid“ und der Mannschaft von „Schalke 04“ kam es zu heftigen Ausschreitungen gegen die „Altreichsdeutschen“:
Im Stadion, da ist ein Fußballmatch,
da gehn die Wiener, Groß und Klein,
sie wissen schon, heut' gibt's a Hetz,
heut' haun ma die Piefke ordntlich drein.

Eine Kuh wird zum Markt geführt. Für sie muss der Ariernachweis erbracht werden, was in folgender Form geschieht:
„Die Farbe hat sie vom Hitler, die Wampn vom Göring, die Goschen vom Goebbels, und melken lässt sie sich wie der österreichische Arbeiter.“

Man sagt, in Wien sei nichts los.
Das stimmt ja gar nicht.
In Wien ist sogar sehr viel los:
Die Betriebe sind herrenlos,
die Bürokraten kopflos,
die Gesuche erfolglos,
die Paragraphen erbarmungslos,
Klagen zwecklos,
Strafen fristlos,
Verordnungen pausenlos,
Formulare gedankenlos,
Amtswege endlos,
Steuern uferlos,
Kellner lieblos,
Gäste markenlos,
Kritiken sinnlos,
Hebammen ruhelos,
Jungfrauen hoffnungslos,
die Jugend gottlos,
das Dasein freudlos
und alles zusammen trostlos.

So betet man in Wien:
Lieber Herrgott, mach mich blind,
dass ich alles herrlich find'.

Lieber Herrgott, mach mich taub,
damit ich allen Unsinn glaub'.

Lieber Herrgott, mach mich stumm,
damit ich nicht nach Dachau kumm.

Denn nur wer blind ist, taub und stumm zugleich,
der taugt fürs Dritte Reich.

Kommt ein Berliner nach Wien und bewundert die Stadt und die gute Wiener Luft und sagt: „Wir haben in Berlin keine so gute Luft wie ihr." Meint der Wiener: „Das glaub' ich schon, das kommt davon, weil wir mit jedem Schaß nach Berlin rennen müssen."

Mussolini ist bei Hitler zu Besuch und fragt ihn, ob seine Soldaten für ihn in den Tod gehen würden. Hitler befiehlt, in eine Schlucht zu springen, obwohl dies den sicheren Tod bedeutet. Ein Soldat springt ohne zu zögern, ebenso ein zweiter, beim dritten meint Hitler zu Mussolini, dass das wohl genüge. Daraufhin Mussolini zu dem Soldaten, einem Österreicher: „Bedanken Sie sich bei ihrem Führer. Er hat Ihnen das Leben geschenkt." Darauf der Österreicher: „Auf so ein Leben pfeif' ich", sagt es – und springt gleichfalls in die Tiefe.

Die Altreichsdeutschen heißen in der Ostmark „'s Moxikaner!" *(Es mag sie keiner.)*

Auf einem kleinen Salzburger Bahnhof steht ein biederer Bauer, neben ihm ein Koffer. Kommt der Stationsvorsteher und verlangt, der Bauer soll den Koffer weg-

stellen. Der Bauer weigert sich und schweigt. Der Stationsvorsteher wiederholt seine Anordnung. Dasselbe Ergebnis. Da holt der Vorstand einen SA-Mann, der in der Nähe auf einen Zug wartet. „Nehmen Sie den Koffer weg!“, brüllt der SA-Mann. Doch wieder erfolgt keine Antwort. Der Bauer mustert den SA-Mann mit einem verächtlichen Blick. Dieser fühlt sich provoziert, will den Bauern ergreifen und wegschleppen. Es entsteht eine Rauferei. Das sieht ein anderer Bauer. Er stürzt sich auf den SA-Mann und beginnt, auf ihn einzuschlagen. Er wird ebenso wie der erste verhaftet.
Bei der Verhandlung fragt ihn der Richter kopfschüttelnd: „Warum haben Sie sich eigentlich eingemischt? Die Sache ist Sie doch gar nichts angegangen.“ Darauf der Angeklagte treuherzig: „Das nicht, Herr, aber ich hab' glaubt, es geht schon los. Und da hab' ich mich nicht zurückhalten können.“

Früher wünschten viele Österreicher den Anschluss.
Nun wünschen sie nur mehr: an Schluss.

In Wien verkehren nur mehr drei Straßenbahnlinien: eine zum Zentralfriedhof für alle, die von den Lebensmittelkarten leben, eine zum Sondergericht für alle, die nicht nur auf Karten leben, und die dritte nach Steinhof für jene, die jetzt noch an den Sieg glauben.

Gebet
Allgütiger, dort über den Sternen,
heil Hitler von seinem Größenwahn
und mach, dass in nicht allzu fernen
Tagen Österreich wieder aufatmen kann.

Heil Hitler von seinem Aberglauben,
dass Recht und Gewalt dasselbe sei
und dass man durch Terror, Morden und Rauben
ein friedliches Bruderland befrei'.

Heil Hitler soweit, dass er wenigstens ahne,
dass Österreich noch lange kein Preußen ist
und dass es trotz der Hakenkreuzfahne
immer noch seine Kultur nicht vergisst.

Heil Hitler und seine Parteigenossen,
klär ihren Geist, ihr Herz erweich,
dass nicht nutzlos das Blut unseres Kanzlers geflossen,
geflossen für ein unabhängiges Österreich.

Kamerad!
Ist auch der Deutsche Gruß heute Pflicht,
lass es dich künftighin nicht verdrießen.
Denkst du dabei an dieses Gedicht,
kannst lächelnden Mundes du „Heil Hitler" grüßen.

Wer ist des Grußes wert?
Nur wer Verrat getrieben
an Öst'reichs Volk und Land,
den grüße mit „Heil Hitler"
und hebe deine Hand.

Nur wer den Eid gebrochen
– ein „echter deutscher" Mann –,
den grüße mit „Heil Hitler",
denn diesen geht es an!

Nur wer den Glauben leugnet,
der Kirche Rechte nimmt,
den grüße mit „Heil Hitler",
dem ist der Gruß bestimmt.

Nur wer die Toten schändet
und ihre Mörder ehrt,
den grüße mit „Heil Hitler",
der ist des Grußes wert.

Ich sehe die gleichen Wälder,
ich gehe die gleichen Wege einher,
ich sitze in Mutters Stube
und hab' doch keine Heimat mehr.

Ich sehe die gleichen Menschen,
die schon als Kind ich gekannt,
sie grüßen mit fremdem Gruße
und haben das Alte verbannt.

Sie beten zu fremden Göttern
und dünken sich Göttern gleich –
ich fühl' mich verlassen und einsam
und wein' um mein Österreich!

MECKERER UND MIESMACHER

„Jeder Volksgenosse hat nach § 127 der Strafprozessordnung das Recht, einen auf frischer Tat betroffenen Täter, gleichgültig welchen Verbrechens oder Vergehens er sich schuldig gemacht hat, anzuhalten, seine Personalien festzustellen und ihn, falls dies nicht möglich ist, vorläufig festzunehmen. Jeder Volksgenosse und jeder Parteigenosse ist damit auch befugt, gegen Meckerer und Defaitisten auf frischer Tat entsprechend vorzugehen."

Diese Anordnung war in Verbindung mit den an anderer Stelle bereits angeführten Strafbestimmungen für jene „Volksgenossen" gedacht, die sich kritisch über die bestehenden Verhältnisse äußerten und ihren Unmut über das Regime und die Missstände in allen Lebensbereichen ausdrückten. Die Meckerer und Miesmacher, denen in den „Donau- und Alpengauen" die Raunzer entsprachen, fanden ein weites Feld für ihre Spottlust.

„Vorige Woche wurden mehrere Wiener Molkereidirektoren verhaftet."
„Ja, warum denn das?"
„Sie haben die vorgeschriebene Magermilch mit Ziegenmilch verbessern wollen und jetzt meckern alle Wiener."

Zehn kleine Meckerlein
Melodie: Zehn kleine Negerlein

Zehn kleine Meckerlein,
die saßen einst beim Wein.
Der eine ahmte Goebbels nach,
da waren's nur noch neun.

Neun kleine Meckerlein,
die habn sich was gedacht.

Eines hat laut gedacht,
da waren's nur noch acht.

Acht kleine Meckerlein,
die hatten was geschrieben.
Bei einem ist es rausgekommen,
da waren's nur noch sieben.

Sieben kleine Meckerlein,
die fragte man: „Wie schmeckt's?"
Das eine sagte: „Schweinefraß!",
da waren's nur noch sechs.

Sechs kleine Meckerlein,
die trafen einen Pimpf.
Der eine sagte: „Lausejung'!",
da waren's nur noch fünf.

Fünf kleine Meckerlein,
die saßen am Klavier.
Eines spielte Mendelssohn,
da waren's nur noch vier.

Vier kleine Meckerlein,
die sprachen über Ley.
Der eine sagte: „Immer blau",
da waren's nur noch drei.

Drei kleine Meckerlein,
die hörten Radio.
Eines stellte Moskau ein,
da waren's nur noch zwo.

Zwei kleine Meckerlein,
die glaubten, es hört sie keiner.
Der eine hat 'nen Witz erzählt,
da war es nur noch einer.

Ein kleines Meckerlein
ließ diese Verse sehn.
Da sperrt man es in Dachau ein,
und jetzt sind es wieder zehn.

Einer, der sich den Mund verbrannt, der „gemeckert“ hat, genießt einige Wochen eine weltanschauliche Schulung in einem Konzentrationslager. Nach der Entlassung, es war noch vor Ausbruch des Krieges, wird er von einem Freund gefragt, wie es ihm denn ergangen sei.
„Ausgezeichnet. Gute Verpflegung. Korrekte Behandlung. Ich habe nicht zu klagen.“
„Aha. Da sieht man, was die Leute erzählen. Der Maier hat ganz anderes erzählt.“
„Ja, der ist ja auch schon wieder dort.“

„Die Ziege und die Schnecke wetten miteinander, wer zuerst an einem bestimmten Punkt ankommt. Die Schnecke gewinnt natürlich.“
„Wieso?“
„Nun, die Ziege wurde wegen Meckerei ins KZ gebracht. Die Schnecke aber blieb still und ist nur gekrochen!“

Der Miesmacher stellt sich vor:
Achtung! Achtung! Ich muss mich nicht nennen,
Sie werden mich sowieso erkennen.
Ich bin der Mann, der bescheidene Mann,
der den Goebbels zum Rasen bringen kann,
gegen den der Göring am meisten bellt,
gegen den der Hitler in Tobsucht fällt.
Ich bin einer von den Millionen,
die nicht in Wolkenschlössern wohnen,
die nicht jeden Schmäh und jeden Dreh
und jede Meldung des OKW
für Wahrheit halten und nicht wie die Narren
den Hitlerdreck und den Goebbelsschmarren

und die ganze Propaganda fressen
und jedes Versprechen sofort vergessen
und jeden Schwindel mit Wonne schlucken
anstatt ihn kräftig auszuspucken.
Mich macht man nicht blöd,
mich haut man nicht hin.
Also, Sie wissen schon, wer ich bin –
ein Miesmacher.

Der Goebbels hat g'sagt: „Der Krieg ist bald aus."
Und ich hab' g'sagt: „Ja, so schau' ma aus."
Der Goebbels hat g'sagt und der Hitler hat g'sprochen:
„Russland, das kostet uns höchstens sechs Wochen."
Und ich hab' g'sagt: „Das kost' mich an Lacher!",
und das wurmt halt die Propagandamacher.
Der Goebbels hat g'sagt und der Hitler berichtet:
„Die Rote Armee ist total vernichtet."
Und ich hab' g'sagt: „Die Rote Armee,
die bringt euch noch alle unter den Schnee."
Der Goebbels hat g'sagt: „Der Endsieg naht,
der Fall von Moskau und Leningrad."
Und ich hab' g'sagt: „Der Weg wird sich ziehn,
Moskau fällt nicht herein auf Berlin!"
Der Goebbels hat g'sagt und der Hitler hat g'redt
und haben die Köpf' und die Wahrheit verdreht.
Nur ich hab' mich, sagen sie, schlecht gehalten.
Aber wer hat am Ende Recht behalten?
Der Miesmacher.

Der Goebbels hat g'sagt: „Jetzt kriegen wir Butter
aus der Ukraine – und sonstiges Futter."
Und ich hab' g'sagt: „Das Brot wird nicht besser,
es schmeckt ganz sauer und pickt am Messer."
Der Göring hat g'sagt: „Wer auf Urlaub geht,
der kriegt ein Lebensmittelpaket."
Und ich hab' g'sagt: „Wer wird das schon kriegen?
Die meisten bleiben in Russland liegen."

Der Göring hat g'sagt: „Hauptsach' ist,
dass das Volk im Winter Erdäpfel frisst."
Und ich hab' g'sagt: „Glaubt ihr dem Dicken,
er wird seinen Bauch mit Erdäpfel spicken?"
Der Hitler hat g'sagt: „Im nächsten Jahr,
siegen wir wieder, das ist klar."
Und ich hab' g'sagt: „Ein schönes Vergnügen,
so Schritt für Schritt sich zu Tode zu siegen."
Wer hat euch immer die Wahrheit g'sagt?
Der Miesmacher.

Im Rundfunk, der Generalmajor Koch,
der hat g'redt, ich hab' jetzt noch im Bauch a Loch,
der hat g'sagt: „Unsre Waffen san solchene Waffen,
das war noch nicht da, das kann keiner sonst schaffen:
das Beste, das Größte, das Stärkste, das Schwerste,
das Allerfeinste, das Allererste,
das Kolossalste, das Monumentalste,
von allem Totalen das Allertotalste,
zum Schießen, zum Fliegen, zum Fahren, zum Messen."
Aber das Wichtigste hat er vergessen:
Wer hat sie denn g'schaffen, die Wunderwaffen?
Die Wundermaschine, die hat sie g'schaffen,
die kolossalste, die monumentalste,
von allen totalen die allertotalste,
mit der wird die ganze Welt verdroschen:
die preußische Goschen.
Ich sag's halt in meinem beschränkten Sinn,
weil ich ein alter Miesmacher bin.

Der G'sundstößer:
Der Goebbels, der fahrt wie a Furz umanand,
der Stuhlgang der Seele – der treibt ihn durchs Land.
Es stiert ihm, dass kana so recht versteht,
warum wir den Krieg führen, um was es da geht.
„Wir warn", so sagt er, „ein Volk ohne Raum.

Da muss man doch Krieg führen. Und jetzt ist der Traum
in Erfüllung gegangen." – Auch das is a Gfrett:
Jetzt ha' ma den Raum, nur das Volk ha' ma net,
jetzt ha' ma die Kohle, jetzt ha' ma den Weizen –
aber nix zum Kochen und nix zum Heizen.
Mit dem Gas müss' ma sparn,
mit dem Licht müss' ma sparn,
mit dem Brot – da halten s' uns recht zum Narrn.
In dem Brot is vom Weizen rein gar nichts zu finden,
nur Stuhlgang der Seele – von vorn und von hinten.
Jetzt ha' ma den Lebensraum, Kruzifix!
Aba zum Leben ha' ma nix.

Der Goebbels hat g'sagt: „Aba, machts euch nix draus,
der Krieg, der is ja noch lange net aus.
Das war nur die erste Halbzeit." – Ich bitt' Sie,
noch dreieinhalb Jahr' verspricht uns der Strizzi.
„Und wenn euch die Bomben auf'n Schädel fliegen",
dann sagt er, „das is wie beim Kinderkriegen."
Beim ersten Mal tut ma sich schwer damit,
da gibt's oft an hagligen Kaiserschnitt.
„Aba, warten S'", so sagt er, „beim dreißigsten Mal,
is es nur mehr a Hetz, da geht's ganz ideal."
Der Goebbels als Hebamm', das kost' mich an Lacher,
das is ja der reinste Engelmacher.
Ich denk' halt im Stillen, an dreißig Kinder
gewöhnt ma sich allenfalls mehr oder minder,
aba dreißig Bomben ins Haus –
mein Schädel halt' das bestimmt net aus.
Man g'wöhnt sich schließlich ans Wochenbett,
aba dreißig Bomben ins Haus –
mein Schädel halt' das bestimmt net aus.

Der Goebbels hat g'sagt: „Wir stoßen uns g'sund."
Beim G'sundstoßen gehn ma halt langsam z'grund.
Der ane dastößt sich und kommt auf'n Hund,
aber wer san die G'sundstößer, wer stößt sich g'sund?

Der Goebbels hat g'sagt: „Ja, was soll denn das heißen?
Sie glauben doch nicht am Ende – die Preußen?
Sie glauben doch nicht – die Millionäre?
Oder gar – die Nazis? Habe die Ehre!
So was zu denken, das ist doch a Schand'!"
Ja, der Goebbels, der hört halt so allahand.
Aba, jetzt möcht' ich fragen: „Du alter Lumpazi,
die Millionäre, die Preußen, die Nazi,
wenn die an dem Krieg nix profitieren,
ja, wer wird den Krieg denn weiterführen?"
Aba, da brauch' ma net lang sinnieren,
das kann ma ja praktisch ausprobieren:
die Millionäre, die Nazis, die Preußen,
die werdn ma halt probeweis' außischmeißen.
Dann werdn ma ja sehn und ich sag's Ihnen gleich:
dann gibt's kan Krieg mehr in Österreich!

Preußisch-österreichisches Wörterbuch

Die Preußen, die halten uns lang schon zum Narrn,
aber jetzt will ich endlich einmal erfahrn,
wegen was wir den Krieg führn und gegen wen,
da sehn S', das kann ja kein Mensch mehr verstehn.
Erst sagen die Preußen: „Gebts Obacht, mir wern
die Plutokraten zum Sozialismus bekehrn."
Dann sagen s': „Mir werden die Bolschewiken
dafür mit dem Kapitalismus beglücken."
Erst wollen s' Europa organisieren,
dann sagen s': „Soll die Bagage krepieren."
Erst sollen wir für die Kreuzritter fechten,
für Ideale, die die andern net möchten,
und kaum geht's hopp-hopp mit den Idealen,
schreit gleich der Goebbels: „Blödsinn! Bezahlen!"
„Einstecken, vollfressen", heißt die Parole,
„Petroleum, Weizen, Kautschuk und Kohle."
Der Kreuzritter steigt vom hohen Ross

und steckt den Dietrich ins Kassenschloss.
Jetzt frag' ich Sie: Kennen Sie sich aus? –
Mir wachst das alles zum Hals heraus.
Ideale, die nach Petroleum stinken,
ein Pülcherkreuzzug nach Butter und Schinken,
ein Kriegsziel zum Kreuzworträtselraten,
die Plutowiken, die Bolschekraten,
die Preußen mit ihrem Größenwahn –
ja, was geht denn mich das alles an?
Ich sag's halt in meinem beschränkten Sinn,
weil ich ein alter Miesmacher bin.

Die Preußen, die habn a eigene Sprach',
„Habe die Ehre", das heißt auf Preußisch „'n Tach".
Der Zwetschkenknödel heißt Pflaumenkloß,
Schrippe das Weckerl und Tunke die Soß.
Und ist für den Wiener was „dulli und g'schmackig",
dann sagt so ein Saupreiß „knorke und zackig".
Wir sagen halt: „der ist deppert und narrisch",
auf preußisch heißt das „arteigen und arisch".
Rassenzuchtwart heißt der Heiratsvermittler
und Schickelgruber heißt Adolf Hitler.
Das Stehlen, das nennen s' organisieren
und Ordnung das dreckigste Leutschikanieren.
Propaganda heißt der verlogenste Tratsch,
Neuordnung Europas der Pallawatsch,
Volksgemeinschaft der Bettelstab
und Lebensraum das Massengrab.

Der Miesmacher:
„Ja", sagt der Goebbels, „jetzt komm' ich erst drauf,
statt dem Helm haben wir jetzt den Scherbn auf.
Der Führer und ich, wir haben uns halt
den Krieg ganz anders ausgemalt."

Aber ich bitt' Sie, seit mehr als drei Jahren,
haltets Ihr uns mit dem Sprüchel zum Narren:

„Der Führer hat alles einkalkuliert,
und planmäßig wird der Krieg geführt."

Und planmäßig sterben Millionen weg,
planmäßig stecken wir tief im Dreck.
Planmäßig kommen wir auf den Hund,
planmäßig geht unser Volk zugrund'!

Und jetzt schlagt der Goebbels sich an die Brust:
„Ja, das hat kein Mensch gewusst.
Aber ich bitt' euch bitterlich:
Lassts uns nicht im Stich, lassts uns nicht im Stich!"

Ich aber sag' euch, Leutln: Fangts an!
Jetzt braucht das Volk seinen eigenen Plan.
Planmäßig müssen wir die Preußen schlagen,
planmäßig muss man sie außijagen.
Ich sag's halt mit meinem beschränkten Sinn,
weil ich ein alter Miesmacher bin.

Sie haben uns das Leben schwer gemacht,
sie haben uns den Krieg ins Land gebracht,
sie haben nichts als Unglück zustande gebracht.
Bald kommt die Rechnung mit Blut geschrieben,
mit Tränen und Wut geschrieben.
Die Räder laufen nicht lang mehr weiter,
lasst die Preußen laufen, das ist gescheiter.
Das Volk hört bald auf mit dem Schuften und Schinden,
dann werden auch die Schinder und Schufte verschwinden.
Bald wirbelt's in Wien! Kehrt die Straßen aus
und wirbelt die Preußen zum Land hinaus!
Lang war der Österreicher geduldig,
doch am Zahltag bleibt er nichts schuldig.
Da steigt er vom Kutschbock und schnallt die Peitschen,
die Nazipreußen, die Hitler-Deutschen
zum letzten Mal einzuladen:
Fahr' ma und ge' ma, Euer Gnaden!

Justament nicht!

Die preußischen Führer,
Herumkommandierer,
die Haxenhochschmeißer
und Goschenaufreißer,
die schreien: „Ihr schlappen
ostmärkischen Lappen
kommt nicht von der Stelle,
aber jetzt macht 'mal schnelle!
Tempo, Tempo, wir pfeifen
den Takt euch, den steifen
ostmärkischen Knochen,
euer Stolz wird gebrochen!
Tempo, Tempo, ihr Hunde,
Tempo, Tempo, ihr Tröpfe,
sonst rollen die Köpfe,
ihr müsst mit uns Schritt halten,
bis zum Umfallen mithalten,
arbeiten pausenlos.
Für Preußen in den Tod,
Heißt das Hitler-Gebot."
Der Österreicher schaut dem Preußen ins Gesicht
und antwortet: „Justament nicht!
Mit'n Arbeiten lass' ma uns Zeit.
Mit'n Kriegsführen ha' ma ka Freud'.
Zum Folgen, da san mir zu g'scheit.
Ihr Piefke, ihr schlagts uns net breit.
Sterben für Preußen – ich dank' für die Ehr'.
Das Volk sagt ganz einfach: Mir mögen net mehr!
Lassts den Hitler nur drohen, den traurigen Wicht,
unsre Antwort bleibt immer: Justament nicht!"

DIE ÖSTERREICHISCHEN LECKERMÄULER

Als die Soldaten der Hitler-Wehrmacht in Österreich einmarschierten, konnten sie sich nicht genug wundern über die vollen Auslagen. „Bekommt man das alles hier frei zu kaufen?“, fragten sie überrascht. Bald war es damit vorbei. Waggonladungen mit wertvollsten Gütern gingen ins „Altreich.“

Empfindliche Versorgungslücken machten sich bemerkbar. Es mangelte an Gemüse, Obst, Fett, Eiern etc., alles Waren, die es bis zum „Anschluss“ im Überfluss gegeben hatte. Auch Schuhe und Textilien wurden knapp, bis schließlich mit Kriegsbeginn Bezugscheine für alle Produkte eingeführt und in immer steigendem Maße Ersatzmittel verwendet wurden. Die Unzufriedenheit der Österreicher tat man mit der Bemerkung ab, dass sich die „ostmärkischen Leckermäuler“ eben bescheiden müssten. Aus dem „Altreich“ kamen Ersatzmittel, Soldaten, Kanonen, Panzer, Flugzeuge – und Befehle.

Lieber Führer, sei unser Gast,
und gib, was du uns versprochen hast,
aber nicht Kartoffel und Hering,
sondern was du isst und Göring.
Bei Gulden und Kreuzer
haben wir gelebt wie die Schweizer.
Bei Kronen und Heller
war ein Schnitzel am Teller.
Bei Schilling und Groschen
lief das Fett über die Goschen.
Bei Mark und Pfennig,
ans is a Dreck und das andere z'wenig.
Unter den Sozialdemokraten
gab es noch Schweinebraten.

Unter der Regierung „Rot-weiß-rot"
gab es immerhin noch Butterbrot.
Unter dem Regime „Hitler und Göring"
gibt es nur noch Hering.
Steuern zahlen, Lieder leiern –
das nennt sich „Deutschland erneuern".

Eine Tombola im vierten Kriegsjahr – 1. Preis: eine Maus und ein Kilogramm Erdäpfel.
Der glückliche Gewinner wird von Reportern gefragt, was er denn mit den Preisen machen werde.
„Also, aus der Maus wird ein feiner Sonntagsbraten und von den Erdäpfeln essen wir ein halbes Kilo und das andere halbe Kilo tausche ich mir gegen ein Klavier ein."

Der Gauleiter besucht ein burgenländisches Dorf, sucht einen Bauern auf, erkundigt sich nach der Viehhaltung und fragt ihn schließlich, womit er denn die Hühner füttere. „Mit Körndln", sagt der Bauer. Da dies wegen der damit verbundenen Verschwendung nicht erlaubt ist, muss er Strafe zahlen. Im zweiten Dorf sagt ein anderer Bauer auf dieselbe Frage des Gauleiters: „Mit Erdäpfeln." Da auch dies nicht erlaubt ist, wird auch er bestraft. Auch im dritten Dorf wird ein Bauer, obwohl er seine Hühner nur mit Erdäpfelschalen füttert, wegen Verschwendung bestraft. Im vierten Dorf schließlich sagt ein Bauer auf die Frage des Gauleiters, womit er denn seine Hühner füttere: „Mit gar nichts." Der Gauleiter fragt völlig überrascht, wie denn das möglich sei. „Das ist ganz einfach. In der Früh' geh' ich in den Stall und schrei' laut: ‚Heil Hitler.' Da habn dann die Hendln für den ganzen Tag schon g'fressen."

Wien ohne Wein,
St. Marx ohne Schwein,
Schwechat ohne Bier,
Führer Heil, wir danken dir.

Inschrift am Naschmarkt:
Wir danken dem Befreier
von Butter, Mehl und Eier,
von Schmalz und Brot und Bier,
Führer Heil, wir danken dir.
Leere Töpfe, leere Teller,
immer in den Luftschutzkeller,
immer nur den Tod vor mir,
Führer Heil, wir danken dir!

Das Kaffeehaus ist dem Wiener, wie ihr ja schon alle wisst,
eine Anstalt, die ihm täglich ein Bedürfnis ist,
gern tut er die Zeitung lesen, trinkt sein' Mocca mit Gefühl,
früher ist das so gewesen, aber jetzt, da ist's zu viel.

Zwar tut er die Zeitung lesen, auch da Mocca is am Platz,
aber gern haben tut er's nimmer, Ersatz ist halt Ersatz.
Den Kaffee, den wir jetzt trinken, damit du im Bilde bist,
nennen wir Kaffee „Westwall", weil er uneinnehmbar ist.

Ein Schweizer und ein Tiroler Grenzer unterhalten sich. Der Schweizer: „No, wir haben zum Essen genug. Sogar Schokolade gibt es." Darauf der Tiroler: „Wir haben dafür unseren Führer. Den habt ihr nicht." Der Schweizer schmunzelt: „Gott sei Dank. Wenn wir den hätten, hätten wir keine Schokolade."

Zu einem Fleischhauer in St. Anton kommt ein Piefke und verlangt ein Stück Wurst. „Aber, ohne Marken kann ich Ihnen nichts geben", sagt der Fleischhauer. Daraufhin wird der Deutsche grob. „Det wär ja noch schöner", schreit er. „Schließlich haben wir Deutsche ja euch verhungerte Österreicher aus dem Dreck jezochen." Nun wird auch der Österreicher fuchtig: „Dös hat euch ka Mensch g'schafft!", schreit er zurück. „Wenn ihr uns drinnen lassen hättets, nachher könnt' ich Ihnen jetzt eine ganze Sau geben, ganz ohne Marken."

Ein Piefke sagt, einem Österreicher auf den Bauch klopfend: „Na, det is och so ’n Backhendlfriedhof.“ Darauf der Österreicher: „Na, seit ihr da seids, is dös nur mehr a Erdäpfelkeller.“

Warum ist denn gar so ein Fleischmangel?
Nun, die Ochsen sind beim Militär, die Schweine bei der Partei und die Kälber bei der Hitler-Jugend.

Ein Österreicher macht ein schmerzverzerrtes Gesicht und hält sich das Gesäß. Über den Grund befragt, jammert er: „Aber bei meiner neuen Hosn hab’ ich mir einen Span eingezogen.“ *(Durch den Mangel an hochwertigen Stoffen mussten minderwertige Ersatzgewebe verarbeitet werden, die – gemäß einer weit verbreiteten Annahme – aus Holz hergestellt wurden.)*

In England ist ein schrecklicher Mangel an Holz eingetreten.
„No, gehn S’. Die Armen.“
„Ja, es geht bergab mit ihnen. Sie haben schon so wenig Holz, dass sie schon aus Wolle Stoffe machen müssen.“

„Mit meinem neuen Anzug darf ich nicht nass werden.“
„Warum nicht?“
„No, weil sonst fangt er zum Wachsen an.“

Ein Komiker kommt ganz nackt auf die Bühne, bis auf ein Sacktuch vorne und eines hinten, auf denen steht: „LMIA.“ Alle sind entsetzt. Der aber erklärt gelassen: „Aber, das heißt ja nur: ‚Letzte Mode im Altreich.‘“

Bobby: „Hast schon gehört, die Hüte kommen ab?“
Rudi: „Geh, hör auf. In der kalten Jahreszeit? Irrst di’ net?“
Bobby: „Naa. Mir brauchen s’ nimmer. Heute steht in der Zeitung: ‚Auf jeden Kopf kommt eine Lebensmittelmarke.‘“

Luftlagemeldung:
„Über dem Reichsgebiet befindet sich kein Schweinefleisch. Kalbfleisch ist im Abflug, Erdäpfel im Anflug. Mit weiteren Kürzungen muss gerechnet werden.“

Wann gibt es wieder Schlagobers?
Wenn alle Hitler-Bilder entrahmt sind *(aus dem Rahmen genommen).*

Unlängst wurde in Purkersdorf ein Priester verhaftet.
„Ja, warum denn?“
„Weil er die letzte Ölung ohne Fettmarken gespendet hat.“

Ein Wiener: „Alle, wie ma da san, kommen wir entweder ins graue Haus oder ins Irrenhaus.“
„Ja, wieso denn?“
„No ja, wenn ma hinten herumkaufen, im Schleichhandel, dann kommen wir ins graue Haus. Aber wenn ma des net tun, gehörn wir ins Irrenhaus.“

„Im Dorotheum ham s’ neulich eine gewöhnliche Mausefalle für 100 Mark verkauft.“
„Aber gehen S’. Dös glaub’ ich doch net.“
„Oh ja. Es war noch ein Futzerl Speck drinnen.“

Todesanzeige
In unvergesslichem Schmerz geben wir die traurige Nachricht, dass plötzlich unsere liebe gute Nährmutter, Frau Rosa Brotmarke, mit einem Gewicht von 250 Gramm verschieden ist. Sie folgte dem Achtelkilo Butter und den 100 Gramm Fleisch in alle Ewigkeit. Mit knurrendem Magen werden wir ihrer ewig gedenken. Es wird gebeten, von Kranzspenden Abstand zu nehmen, da das Material zu Dörrgemüse verarbeitet wird. In stolzer Trauer,
Maria Magermilch, Erich Hunger, Karl Fettlos
PS: Die Asche wird im Familiengrab beigesetzt, wo schon

folgende Verwandte ruhen: Schmalz, Schnitzel, Zigaretten, Mohnstrudel, Wein, Lederschuhe, Salami, Rahm, Schlag. Sie sind alle sämtlich nach dem „Anschluss" verstorben und waren österreichische Staatsbürger.

Ein Löwenjunges wird krank, die Mutter fragt es:
„Was hast du g'fressen?"
„An Deutschen", miaut das Kleine kläglich.
„Wie oft hab' ich dir schon gesagt, du sollst sowas Chemisches nicht fressen!", ärgert sich die Mutter.

Ein Österreicher will sich das Leben nehmen. Das Gift wirkt aber nicht, weil es nur Ersatz ist. Also hängt er sich auf. Doch der Strick, nur aus Papier, reißt. Nun will er sich von einem Zug überfahren lassen, doch hört er von einem Eisenbahner, dass die Linie wegen Kohlenmangels eingestellt ist. Daraufhin will er in die Donau springen, doch da stehen in langen Reihen die Leute angestellt, alle mit derselben Absicht. Ein Wachmann hält Ordnung, damit sich niemand vordrängt und spricht: „Vor drei Stunden kommen S' nicht dran." Also geht der Lebensmüde in ein Gasthaus und isst ein Eintopfgericht. Jetzt wird er endlich hin.

Hitler will den Mut der verschiedenen Nationen prüfen und fuchtelt mit einem Schwert einem Franzosen, einem Engländer und einem Russen vor der Nase herum. Alle drei machen vor Angst in die Hose. Schließlich geht er auf einen Wiener los. Doch der rührt sich nicht. Hitler fragt ihn, wieso denn gerade er sich nicht fürchte.
„Aba, gengen S', fürchten tu' ich mich schon, aber mir kann nichts passieren, weil ich schon drei Tage nichts g'essen hab'."

Im ...ten Kriegsjahr bekommt einer eine ganze Ratte zu kaufen. Von allen Seiten wird er beneidet und bestaunt: „Na, Sie müssen aber Beziehungen haben!"

Stille Nacht
Stille Nacht, heilige Nacht,
was macht's, wenn der Magen kracht,
die Braunen leben und fressen fein
und stecken unsere Steuern ein.
Sie müssen verschwinden samt ihrer Macht,
dann gibt es wieder stille und heilige Nacht.

Wer die Nazis hat erfunden,
hat an Räuber auch gedacht,
Hitler, dieser edle Räuber,
hat Österreich gestohlen über Nacht.

Nach der Melodie: Heut' kummen d' Engerln auf Urlaub nach Wean:
Was is auf amol los, jo sagts, was is denn g'schehn,
dass wir in unserm Wean nur lauter Piefke sehn?
Das Letzte, was wir habn, des fressen s' a no z'amm,
in dieser Hinsicht kennen s' ja kan Pardon.

Jetzt kumman die Piefke auf Urlaub nach Wean,
jetzt auf amol ham s' die Weanastadt gern.
Sie fressen die Schnitzeln und schunkeln dazua,
sie reißen des Maul auf und kriegen gar net gnua.

Draußt in Berlin sitzt der Hermann und lacht,
sagt zu sein Führer: „Hearst, guat host des g'mocht!"
Der Petrus im Himmel schaut oba und flennt:
„Weanaleut, oame Leut, euch hams darennt!"

Seit heut' waß jedes Kind, warum der Piefke kommt. –
In unsern kloanen Land find' ma no allerhand.
Verhungert wär' scho' Wean, wenn die net kumman wärn,
den Schmäh kann ma von denen immer wieder hörn.

Eintopf am Sonntag und wochentags auch,
Hering mit Blutmilch und Zitronensaft drauf,
ana der frisst des und drei werdn glei' hin.
In so ana Kochkunst liegt Kultur drin.

DER ALLTAG IM „DRITTEN REICH"

Im Zuge der systematischen Vorbereitung des Krieges wurde die Devise „Kanonen statt Butter" ausgegeben. Vergebens hatten vorher die Hitlergegner gewarnt: „Hitler bedeutet Krieg! Hitler bedeutet Tod und Vernichtung!" Nach dem Machtantritt der NS-Clique im Jahre 1933 wurde die zivile Produktion systematisch zugunsten der Rüstung eingeschränkt. In immer größerem Maße wurden Ersatzmittel und Ersatzstoffe verwendet. Mit einem „Eintopfgericht", das als Beitrag zur Volksgemeinschaft propagiert wurde, sollte auch die Kost vereinheitlicht werden. Die Mängel wurden umso fühlbarer, je länger der Krieg dauerte, besonders als im Zuge der Niederlagen auch die Ressourcen aus den einst besetzten Ländern nicht mehr zur Verfügung standen.

Die allmächtige Gestapo verbreitete Angst und Unsicherheit. Die zahlreichen Parteiorganisationen, in die man sich eingliedern sollte, raubten fast jeglichen Privatraum. Das Durchorganisieren begann schon bei den Kindern (Pimpfe, Jungmädchen), führte über die HJ (Hitlerjugend), den BDM (Bund Deutscher Mädchen), den Arbeitsdienst, die NS-Frauenschaft, die Wehrmacht und anderes in der Parteigliederung wie SA und SS.

Die Organisation wird weiter ausgebaut. Vor der SA und SS erfasst man die Jüngeren in der HJ, die noch Jüngeren im Jungvolk, die noch Jüngeren werden in NS-Kindergärten geschult. Und jetzt sollen auch die Säuglinge organisiert werden. Sie tragen den Titel „AA-Männer".

„Mein Vater ist SA-Mann, mein ältester Bruder in der SS, mein kleiner Bruder in der HJ, die Mutter in der NS-Frauenschaft, und ich bin im BDM."

„Ja, seht ihr euch denn bei dem vielen Dienst auch einmal?"
„Oh ja, wir treffen uns jedes Jahr auf dem Parteitag in Nürnberg."

Weiß Ferdl sagt ein Gedicht auf:
„Ein Rehlein steht am Waldesrand,
ist organisiert im NS-Rehverband,
damit ihm nichts passiert."
Er wird zur Gestapo vorgeladen und wegen der Verspottung von NS-Organisationen verwarnt. Als er das nächste Mal auftritt, sagt er:
„Ein Rehlein steht am Waldesrand,
ist nicht organisiert im NS-Rehverband,
damit mir nichts passiert."

Ein begeisterter Nazi ist an Über-Zeugung gestorben. Er hat die Aufforderung, möglichst zur Vermehrung des gesunden deutschen Volkstums beizutragen, zu wörtlich genommen und eine zu große Anzahl von Kindern für den Führer gezeugt.

Eines Abends kommt Weiß Ferdl abgerissen, unrasiert, mit einem abgetragenen, schmutzigen und oft geflickten Anzug und kaputten Schuhen auf die Bühne.
Das Publikum lacht.
„Warum lacht ihr so blöd?", ruft Ferdl laut. „Euch wird das Lachen noch vergehen. Ich bin euch bloß zwei Jahre voraus."

Der Führer erschießt und ernennt seine Minister selber.
Alle Stände sind aufgehoben:
der Verstand, der Anstand, der Wohlstand.
Es bleibt nur mehr der – Notstand.

Die alten Ägypter haben Pyramiden aufgetürmt, das deutsche Volk aber sammelt Altpapier!

„Nach der Gleichschaltung der Länder sind wir ein Volk; es gibt keine Preußen, Bayern, Thüringer und Sachsen mehr. Es gibt nur noch Braun-Schweiger."

Der Reichsadler soll seine Stellung als deutsches Wappentier verlieren, denn er ist schwarz und trägt einen jüdischen Namen. An seine Stelle kommt das Känguruh, denn es ist braun und macht selbst mit einem leeren Beutel große Sprünge.

Der Maikäfer wird das neue Wappentier, denn er ist braun, erdverbunden und hat den Vierjahresplan im Leibe.

Es ist nicht leicht, in Deutschland zu leben. Man muss sich als Bandwurm durch die braune Masse winden und ist dauernd in Angst, abgeführt zu werden.

Hitler fragt einen Arbeiter: „Wie lange arbeiten Sie täglich?"
„8 Stunden."
„Nun, und wenn Sie in einen Rüstungsbetrieb kämen, wie lange dann?"
„16 Stunden."
„Und wenn Sie gar für unsere Partei arbeiten sollten?"
„Dann natürlich 24 Stunden."
„Sehr brav! Was sind Sie denn eigentlich?"
„Totengräber!"

Bei Machulke & Co in Küstrin wird alles erzeugt, woran die deutsche Familie Bedarf hat. Max Borstke arbeitet in der Kinderwagenabteilung und hat seinem Schwager, Oberhaupt einer vielköpfigen Familie, einen Kinderwagen versprochen. Das Geschenk lässt auf sich warten. Es vergeht ein Monat, es vergehen zwei Monate. Nach drei Monaten stellt der Schwager Max Borstke zur Rede. Max rechtfertigt sich: „Du wirst dich wundern, ich nehme jeden Tag einen Bestandteil nach Hause mit."

„Und das dauert so lang?“
„Nach zwei Wochen schon hätte ich alle Teile zusammengehabt.“
„Jetzt sind doch schon drei Monate vergangen!“
„Lass mich doch ausreden! Ich habe die Arbeit schon fünf Mal angefangen, und alle fünf Mal ist kein Kinderwagen herausgekommen, sondern, ob du mir’s glaubst oder nicht, ein Maschinengewehr!“

In München betritt eine Frau eine Buchhandlung und sagt: „Mein Mann ist krank, ich möchte ihm etwas zum Lesen kaufen.“
„Darf es was Nationales sein?“, fragt der Verkäufer eifrig.
„Nein! So krank ist er wieder nicht!“

Was ist der Unterschied zwischen Schopenhauer und dem Nationalsozialismus?
Schopenhauer schrieb „Die Welt als Wille und Vorstellung“, die Nazis kennen nur die Welt als Wille ohne Vorstellung.

„Wenn jetzt neue Konzentrationslager eingerichtet werden, soll das auf Berggipfeln geschehen!“
„Warum?“
„Man erwartet, dass die Häftlinge dort schneller braun werden!“

Weiß Ferdl kommt auf die Bühne und beginnt:
„Heut’ wär’ i beinah zu spät kommen. I hab’ nämlich oan kloanen Ausflug gemacht. Nach Dachau. Na, da sieht’s aus! Stacheldraht, Maschinengewehre, Stacheldraht, noch einmal Maschinengewehre und wieder Stacheldraht! Aber das sag i euch – wann i will – i kumm rein!“

Weiß Ferdls Lokal „Platzl“ wurde für einige Zeit geschlossen, da er Witze erzählt hatte, die zu gewagt waren. Am ersten Tag nach der Wiedereröffnung sagt er zum Publikum: „Gestern war das Lokal noch geschlossen. Heute ist es wieder offen, aber wenn es hier wieder offen zugeht, wird es bald wieder zu sein.“

An der belgischen Grenze erschienen eines Tages zahlreiche Kaninchen und baten um politisches Asyl: „Die Gestapo will alle Giraffen einsperren – wegen Staatsfeindlichkeit.“
„Aber ihr seid doch gar keine Giraffen!“
„Ja, aber wie das der Gestapo klarmachen?“

In der Schweiz erkundigt sich ein NS-Funktionär nach dem Zweck eines imposanten öffentlichen Gebäudes. „Das ist unser Marineministerium“, erklärt der Schweizer. Darauf der Nazi spöttisch: „Ihr mit euren paar Schiffen. Wozu braucht ihr ein Marineministerium?“ Darauf der Schweizer: „Na, und ihr? Wozu braucht ihr denn ein Justizministerium?“

Ein Berliner geht durch die verdunkelten Gassen nach Hause. Plötzlich wird er von hinten angerufen: „Halt! Stehenbleiben oder ich schieße!“ Und nach einer Weile hört er die Aufforderung: „Sofort die Brieftasche her!“ Darauf der Berliner erleichtert zu dem unbekannten Räuber: „Na, Sie haben mir aber einen Schrecken eingejagt. Ich dachte schon, es ist jemand von der Polizei.“

„Gestern ist Bernhard verhaftet worden.“
„Was du nicht sagst. So ein anständiger Mensch. Und warum?“
„Eben darum!“

In Deutschland wurde ein neuer Ufa-Film gespielt. Sein Titel lautet: „Ein Mann will nach Deutschland.“ Während bisher in den Kinos gähnende Leere herrschte, waren sie, als der Film anlief, buchstäblich überfüllt. Die Besucher wollten nämlich den Mann sehen, der nach Deutschland wollte.

„Wie geht es Ihnen?"
„So, so. Ja, das Dritte Reich."
„Was wollen Sie damit sagen?"
„Dasselbe, was Sie sagen wollen."
„Um Himmels willen, das bleibt aber unter uns."
„Darauf können Sie sich verlassen. Heil Hitler!"
„Heil Hitler."

Da man im Ausland behauptet, dass die Nazis humorlos sind, veranstaltet Reichspropagandaminister Joseph Goebbels ein Preisausschreiben für die besten politischen Witze.
Folgende Preise wurden vorgesehen:
Erster Preis: Fünf Jahre Zuchthaus.
Zweiter Preis: Drei Jahre Konzentrationslager Dachau.
Dritter Preis: Besuch im Keller des Gestapo-Sitzes, Prinz Albrecht-Straße, mit anschließendem Verhör.

Was gibt's für einen neuen Witz?
Ein Jahr Dachau.

Berlin-Wedding. Ein betrunkener Arbeiter betrachtet einen Briefkasten und sagt: „Alles hat sich geändert. Früher warst du blau und ich rot. Heut bin ich blau und du rot. Ich muss aber still sein, und du darfst die Klappe aufmachen."

Ein echter Deutscher im Dritten Reich muss drei Eigenschaften haben. Er muss ehrlich, klug und nationalsozialistisch sein. Aber leider treffen diese drei Eigenschaften nie zusammen, ein Deutscher hat nur zwei davon.
Ist er ehrlich und klug, dann ist er nicht nationalsozialistisch. Ist er klug und nationalsozialistisch, ist er nicht

ehrlich. Ist er ehrlich und nationalsozialistisch, dann ist er nicht klug.

Am Zahltag freut sich einer, im Gegensatz zu seinen Kollegen, ganz diebisch. Die andern können das nicht verstehen. Schließlich sagt er schmunzelnd:
„Stell dir vor, was ich für ein Glück gehabt hab', diesmal! Die Deppen haben sich geirrt. Die haben mir statt dem Lohn die Abzüge ausbezahlt."

Einem fällt sein Lohnsackerl aus der Hand und auf den Fuß. Sagt er zu seinem Nachbarn: „Glück, was ich gehabt hab'! Stell dir vor, es wären die Abzüge gewesen."

Zwei Männer wurden im Landesgericht wegen Gerüchtemacherei zum Tode verurteilt. Im letzten Augenblick werden sie aber doch noch begnadigt, jedoch mit der eindringlichen Warnung, nie mehr Gerüchte zu erzählen beziehungsweise weiterzusagen. Kaum sind sie beim Tor draußen, sagt der eine zum andern:
„Weißt, warum s' uns begnadigt habn?"
„Naa. Warum denn?"
„Weil s' kane Strick zum Aufhängen mehr habn."

Ein Ausländer kommt in einen Kolonialwarenladen.
„Haben Sie Butter?"
„Nein."
„Haben Sie Eier?"
„Nein."
Der Ausländer fragt nach Kaffee, Tee und Südfrüchten. Aber immer heißt es: „Nein!"
„Ja, was haben Sie denn eigentlich?"
„Hier ein paar Karten für die Vorstellung ‚Glückliches Volk.'"

In der Schule soll der Satz geschrieben werden:
„Die Butterzuteilung ist gering."

Der kleine Fritz missversteht das und schreibt: „Die Butterzuteilung isst Göring."

Piefke: „Eines Tages werden wir noch aus Scheiße Butter machen. Denn der deutsche Erfindungsgeist vermag alles."
Österreicher: „Ja, ich bin nur neugierig, wie ihr den Geruch wegbringts."

Der Hitler ohne Frau,
der Schlächter ohne Sau,
der Bäcker ohne Teig,
das ist das Dritte Reich.

Ein Volk ohne Butter,
das Schwein ohne Futter,
der Selcher ohne Sau,
das nennt man einen Gau.

Parodien auf das Horst Wessel-Lied:
Die Pfanne hoch! Es gibt schon nix zu fressen,
das Volk ist müd' und ohne festen Schritt,
die Butter ist schon lang von uns vergessen,
marschiert nur im Geiste auf unseren Broten mit.

Die Pfanne hoch! Das Schmalz ist viel zu teuer,
die Butter knapp, sie geht im Preis voran.
Es schaun aufs Rübenkraut voll Hoffnung schon Millionen,
der Tag für Brot mit Rübenkraut bricht an.

Im vierten Kriegsjahr hat einer im Schwarzhandel eine Gans ergattert. Er lässt sie im Backrohr schmoren. Doch im Zuge der unzulänglichen Gasversorgung geht das Gas aus. Nach einer Weile öffnet sich das Türchen des Backrohrs, und heraus kommt die Gans gewatschelt, gerupft und nackt, wie sie ist. Sie spricht:

„Also, entweder es wird wieder das Gas angezündet oder man gibt mir wieder mein Gewand. Mir ist ja kalt."

Wie soll eine richtige Martinigans aussehen?
Braun wie der Hitler, fett wie der Göring, gerupft wie das deutsche Volk.

Eintopfrezept: Wenig Hirn, sehr viel Kohl, mit brauner Soße, immer wieder aufgewärmt.

Welches Eintopfgericht ist in Deutschland am weitesten verbreitet?
Gedämpfte Zungen.

„Wenn euch jemand fragt, ob es in Deutschland Fleischnot gibt, könnt ihr ruhig sagen, dass dies nicht stimmt. Denn in der Regierung sind Schweine, in der Partei Ochsen und an der Front Schafe."

Die Eisenträger wurden alle in die Partei eingebaut, die Nieten in der Regierung verwendet und der Draht im Ausland. Deshalb verordnete der Führer als Gesetz: „Alles Blech vom Propagandaministerium wird beschlagnahmt, die Achse Berlin–Rom wird eingeschmolzen, und alle Erzbischöfe werden verschrottet und zur Artillerie einberufen."

Goebbels und Göring stehen zu Weihnachten vor dem Kruzifix. Goebbels sagt: „Wenn das schief geht, dann nageln s' uns auch ans Kreuz, wie den da!"
Lächelt Göring: „Keine Bange! Ich sorge dafür, dass kein Nagel und kein Holz mehr da ist."

Alle Eisenbrücken in Deutschland müssen neu geschweißt werden, weil bei der Arbeitsbeschaffungslotterie sämtliche Nieten verbraucht worden sind.

Tünnes und Schäl sitzen im Kaffeehaus und trinken die elende braune Brühe. Tünnes gedenkt ausführlich und laut des edlen Bohnenkaffees, der früher ausgeschenkt wurde. Ein Volksgenosse zeigt ihn wegen defaitistischer Reden bei der Gestapo an, und er wandert für vier Wochen ins KZ. Hier muss er jeden Morgen strammstehen und sagen: „Heil Hitler, es geht auch ohne Bohnenkaffee!"
Als er am letzten Morgen antritt, ist er über seine bevorstehende Entlassung so erfreut und in Gedanken schon zu Hause, dass er sich verspricht und ausruft: „Heil Bohnenkaffee, es geht auch ohne Hitler!"

Wir werden keinen Mangel an Textilien haben. Zur Behebung der vorübergehenden Mängel werden drei neue Gespinste geschaffen:
Hungertuch, Hirngespinst und Lügengewebe.

Frei nach Goethe:
Wer nie sein Brot auf Marken aß,
wer nie die flakdurchtosten Nächte
im kalten Keller frierend saß,
der kennt euch nicht, ihr Achsenmächte.
(Nach dem Bündnis Hitlers mit Mussolini wurde die Verbindung Berlin–Rom als Achse bezeichnet.)
Die weitere Entwicklung in zwei Sätzen:
Einst das Volk der Dichter und Denker,
nun das Volk der Richter und Henker.

Gandhi übersiedelt nach Deutschland, weil er in Indien nicht verhungern kann.

Unterschied zwischen Deutschland und Indien:
Dort hungert einer für alle
und hier hungern alle für einen.

Hitler zu Göring: „Wie lange haben wir noch zu essen?"
Göring: „Circa sieben Jahre."

Hitler darauf erfreut: „Ach, herrlich. Das werde ich gleich dem Volk verkünden."
Göring: „Um Gottes willen. Nur das nicht. Ich meine doch, nur für uns beide."

Ein funkelnagelneuer Mercedes steht auf der Straße, ein altes Mütterchen davor, das sich an der Motorhaube die Finger wärmt. Kommt ein hoher SA-Führer, steigt ein und ruft barsch: „Gehen Sie zur Seite, ich will abfahren!"
Sagt das Mütterchen: „Na, na. Man wird sich doch noch seine Hände am Winterhilfswerk wärmen dürfen."
(Da es keine Kontrolle der Mittel des „Winterhilfswerkes" gab, unterstellte der Volksmund, dass Teile der Sammlungen für ganz andere Zwecke verwendet würden.)

Zu Ende des Jahres 1943:
Keine Kohlen, kein Fett,
und liegt man im Bett,
hat den Arsch kaum warm,
kommt Fliegeralarm.

Was ist ein medizinisches Wunder?
Viele Deutsche. Sie können aufrecht gehen, obwohl sie kein Rückgrat haben.

„Man muss die Bäume schonen!"
„Warum?"
„Damit man die Nazis daran aufhängen kann."

VOM ANTISEMITISMUS ZUM MASSEN-MORD

Vom Antisemitismus früherer Arten unterscheidet sich die NS-Rassenpolitik vor allem dadurch, dass ihr die Beraubung, Vertreibung und Entrechtung der Juden nicht genügte, sondern sie ihre Ermordung – vollzählig, industriell – versuchte. Zuerst brauchte man für die Morde eine „ideologische" Vorbereitung. Es folgten die „Nürnberger Rassengesetze", die berüchtigte „Reichskristallnacht", der „Judenstern", die Massaker der „Einsatzkommandos" in den besetzten Gebieten, die Vertreibung und Deportation, schließlich die „Endlösung" in den Gaskammern von Auschwitz und anderen Konzentrationslagern. Wer seine Ablehnung der „Maßnahmen" zum Ausdruck brachte, riskierte, wegen „Judenbegünstigung" selbst in ein Konzentrationslager verschickt zu werden.

Ein jüdischer Händler muss aufs Finanzamt. Er weigert sich, seine Steuern zu zahlen und streitet mit dem zuständigen Beamten. Endlich schreit er erbost: „Warten Se nur ab, bis de Nazis kommn!" „Wat", fragt der Finanzbeamte, „un det sajen ausjerechnet Sie?" „Na, warum nicht", triumphiert der Jude. „Soll ich Ihnen sagen, was wird stehen über dem Finanzamt? Wird stehen: ‚Für Juden verboten!'"

Noch zu Anfang des Tausendjährigen Reichs sitzt in einem D-Zug nach Frankfurt am Main ein SA-Führer einem Juden gegenüber. Der Anblick des Juden lässt ihm keine Ruhe; er will ihn provozieren. „Sag, Jud'", fragt er ihn, „wer trägt die Schuld daran, dass wir den Krieg verloren haben?" „Die jüdischen Generäle, Herr Sturmführer."

„Wieso? Wir haben doch gar keine jüdischen Generäle!"
„Wir nicht, Herr Sturmführer, aber die anderen!"

Julius Streicher, Herausgeber des antisemitischen Blatts „Der Stürmer", war der Wortführer des 1934 proklamierten Boykotts der jüdischen Geschäfte. Eines Tages erhielt er aus einer kleinen norddeutschen Stadt folgendes Telegramm:
„sendet sofort juden – stop – sonst boykott unmöglich!"

Er ist an allem schuld:
In Nazedonien, Nazedonien,
wo die Ururarier wohnien,
dort im Reich der tausend Jährchen
und der rassereinen Pärchen
wacht ein Lenker, groß und stark,
über Butter, Blut und Quark.
Doch wenn er als zweiter Wotan
noch so blitzt und funkt nach Notan
und regiert aus vollem Hals,
immer knapper wird das Schmalz.
Und der Führer, dräuend späht er
nach dem bösen Attentäter,
denn es ist doch ohne Frage
jemand schuld an dieser Plage.
Und natürlich, siehe da!
Schon ist die Entdeckung da:
Isidor, der stets entartet,
hat auch dieses abgekartet.
Und zur Strafe für den Hass
nimmt man ab ihm Geld und Pass.
Und das Volk, wenn auch entfettet,
fühlt sich immerhin gerettet.
Und die Moral von der Geschicht',
also, heißt sie kurz und schlicht:
„Wenn der böse Jud' nicht wär',
ach, wär' das Regieren schwer!"

Refrains:
Und die Moral vom Tatbestand
bleibt sich gleich von Land zu Land:
„Wenn der böse Jud' nicht wär',
wo nähm' man den Schuldigen her?"

Und die Moral für alle Zeit,
bis in alle Ewigkeit:
„Wenn der böse Jud' nicht wär',
ach, er fehlte uns doch sehr!"
(Walter Lesch im Programm „B. W.!" des Kabaretts „Cornichon", Zürich 1938.)

Vor dem Richter: „Sind Sie Jude", fragt der Vorsitzende, „oder sonst wie vorbestraft?"

Eine rheinische Stadt während des Boykotts
Vor den jüdischen Geschäften stehen SA-Leute und „warnen" alle Vorübergehenden, das Geschäft zu betreten. Eine Frau will in ein Wirkwarengeschäft. Der Posten hält sie an: „Sie! Draußen bleiben! Das ist ein Judenladen!" „Na und? Ich bin selber Jüdin!"
Der Posten schiebt sie zurück: „Das kann jeder sagen!"

Eine Abordnung von Juden kommt zu Hitler und bittet ihn, man möge doch die Angehörigen ihrer Rasse etwas menschlicher behandeln. Schließlich erklärt sich der Führer dazu auch bereit, jedoch nur unter der Bedingung, dass einmal wöchentlich ein Bettag eingeschaltet wird, an dem alle Nichtarier beten sollen, dass er – Adolf Hitler – ewig jung bleiben möge. Diese Bedingung wird sofort angenommen. Als Hitler daraufhin eine solche Betzusammenkunft überwachen lässt, hört der Gestapomann das innige Flehen der Juden zu ihrem Gott, dass der Führer des Dritten Reiches nicht alt werden möge.

Ein Jude wird von einem Hund gebissen. Als er sich

wehrt, sperrt man ihn ein. Am nächsten Tag zeigt der „Völkische Beobachter“ die Schlagzeile:

Tollwütiger Jude beißt deutschen Schäfer.

Ein Wunderrabbi wird von einem Gläubigen gefragt: „Rabbi, sag mir, wann wird Hitler sterben?“
Der Rabbi denkt lange nach und sagt dann:
„Das genaue Datum kann ich dir nicht sagen; aber eins weiß ich: es wird ein Feiertag sein!“

Ein SA-Trupp bringt anlässlich der „Reichskristallnacht“ zwei Juden auf das Wachlokal.
„Was haben denn die zwei Kerle gemacht?“, fragt der Sturmführer.
„Melde gehorsamst, sie haben frech gezittert.“

Ein SA-Mann sieht, dass ein Jude Schillers Werke liest. Er stänkert ihn an: „Wie können Sie sich als Jude unterstehen, unseren nationalen Dichter Schiller zu lesen?“
Der Jude: „Wieso nationaler Dichter? Schiller war doch international. Er hat geschrieben
für die Engländer: Maria Stuart,
für die Franzosen: Die Jungfrau von Orleans,
für die Holländer: Die Erhebung der Niederlande,
für die Spanier: Don Carlos,
für die Italiener: Die Braut von Messina,
für die Schweizer: Wilhelm Tell und
für die Deutschen: Die Räuber.“

Der Lehrer fragt in der Schule: „Wie hieß der erste Mensch?“ Max antwortet: „Hermann der Cherusker.“
„Aber Max, der erste Mensch war doch Adam!“
„Ach, Herr Lehrer, ich habe geglaubt, Nichtarier zählen nicht zu den Menschen.“

Brief einer jüdischen Familie an Verwandte im Ausland: „Uns geht es gut. Keinem Juden wird ein Haar gekrümmt.

Hitler führt uns in eine bessere Zukunft. Moritz, der das Gegenteil behauptete, haben wir gestern begraben."

Der gelbe Judenstern ist aufgewertet worden. Er wird nun „Pour le Sémite" genannt.
(Anspielung auf den Orden „Pour le mérite".)

Rotkäppchen hat sich im Wald verirrt und begegnet dem bösen Wolf. „Nun, was suchst du denn hier, Rotkäppchen?", fragt der Wolf.
„Ich suche mein Großmütterchen", antwortet Rotkäppchen bescheiden.
„Naja", meint der Wolf, „nach der lieben Großmutter suchen ja heute viele."

„Wer ist die begehrteste Frau?"
„Die arische Großmutter natürlich!"
„Nein."
„Wer denn sonst?"
„Die jüdische Urgroßmutter. Sie hat das Geld in die Familie gebracht und schadet nicht mehr."
(„Mischlinge" bis zum zweiten Grad hatten mit Nachteilen und Verfolgungen zu rechnen.)

Der Inspektor kommt in eine Klasse und sieht ein blondes Mädchen mutterseelenallein auf einer Bank. Gütig fragt der Schulrat: „Warum sitzt du denn hier so allein, mein Kind?" Da schluchzt das Kind: „Wegen Omi!"

Ein jüdisches Kind, das in der Schule die Schimpfreden des Lehrers auf die Juden anhören musste, kommt verängstigt mit der Frage zu seinen Eltern: „Mutti, könnt ihr mich nicht umtauschen?"

Der Lehrer hat dem kleinen Moses so arge Ohrfeigen gegeben, dass die Fingerabdrücke sichtbar sind. „Moses, was wird dein Vater dazu sagen?"

„Ach, Herr Lehrer, das ist nicht so schlimm, aber das feindliche Ausland!“

Mit der Rassenschande ist es jetzt in Deutschland endgültig vorbei. Die reichen Juden sind schon im Ausland, nur noch die Armen sind hiergeblieben. – Und Armut schändet nicht!

Eine feine Dame findet keinen Platz in der Straßenbahn. Weit und breit kein Kavalier, der aufstehen würde. Nur ein kleines bescheidenes jüdisches Mädchen bietet seinen Platz an. Aber die Dame wehrt sich entsetzt gegen den „jüdischen“ Sitzplatz. Da erhebt sich bedächtig ein älterer Mann mit dem Hinweis, dass es sich dabei um einen rein „arischen“ Platz handle.

Ein Jude wird in einem Konzentrationslager misshandelt und mit dem Tode bedroht. Aus einer plötzlichen Laune heraus hält der SS-Mann inne und herrscht den Juden an: „Ich gebe dir eine Chance. Ich habe ein Glasauge. Wenn du es erkennen kannst, lasse ich dich in Ruhe.“
Ohne zu zögern antwortet der Jude. „Das linke ist das Glasauge.“ Darauf der SS-Mann: „Woran hast du das erkannt?“
Der Jude: „Es blickt so menschlich!“

„Wie viele Arten von deutschen Juden gibt es?“
„Zwei: Optimisten und Pessimisten.“
„Und wodurch unterscheiden sie sich?“
„Die pessimistischen Juden sind im Exil, die optimistischen dagegen in deutschen Konzentrationslagern.“

Nach viel Mühe ist es Blau gelungen, ein amerikanisches Affidavit zu erlangen und nach New York zu kommen. Dort besucht er seinen, um ein Jahr früher ausgewanderten Freund Kohn. Zu seinem größten Erstaunen sieht Blau, dass in Kohns Privatbüro ein Hitlerbild an der Wand hängt. „Bist du wahnsinnig geworden?“, fragt er ganz entsetzt. „Wozu hast du das?“ „Gegen's Heimweh.“

Kohn und Blau treffen einander im brasilianischen Urwald. Beide sind im Tropenanzug, schwer bepackt, mit Buschmessern und Flinten bewaffnet. „Wie geht's?“, fragt Kohn erfreut. „Was machst du?“
„Gummibäume anzapfen.“
„Trägt das etwas?“
„Naja, es reicht gerade zur Not.“
„Also hast du's gut getroffen. Das freut mich.“
„So leicht ist es wieder nicht. Du kennst doch den Urwald. Reißende Ströme, Löwen, Kopfjäger. Aber was machst du?“
„Ich hab' eine Schlangenfarm. Das Gift verkaufe ich an Apotheken. Jetzt bin ich gerade auf der Jagd, um die Bestände ein bisschen aufzufüllen. Aber sag, hast du von Silberstein gehört?“
„Silberstein? Das ist ein Abenteurer. Der ist in Berlin geblieben.“

Mir würde es genügen, ich könnte beim Dobirn, der Konditorei am Kurfürstendamm, am Fenster sitzen und zu meiner Frau sagen: „War das nicht eben der Hitler, nebbich, der da vorübergegangen ist?“

1942 in Wien. Die Verschickung der Juden nach Polen ist in vollem Gang. Zwei Juden, die darauf warten, abgeholt zu werden, ergehen sich in Spekulationen darüber, was mit Hitler nach dem Sieg der Alliierten geschehen wird. „Natürlich wird er aufgehängt!“, sagt der eine. Der andere denkt lange nach, dann sagt er: „Mir würde genügen, wenn ich nach dem Krieg im Café Central sitze und Zeitung lese und ein Herr am Nebentisch steht auf, tritt zu mir und fragt:
‚Gestatten Sie, bitte, ist die Zeitung frei?‘, und ich kann ihm antworten: ‚Für Sie nicht, Herr Hitler!‘“

Wien, 1942. Blau und Grün treffen einander.
Grün: „Hast du schon das Neueste gehört? Kohn hat sich umgebracht."
Blau: „Wenn er sich's verbessern kann."

Nach dem Sieg über Frankreich steht Hitler an der Kanalküste und schaut sehnsüchtig zum Kreidefelsen von Dover.
„Wie komme ich nur da hinüber?", fragt er seine Mitarbeiter.
Keiner weiß Rat. Nur Goebbels meldet sich:
„Wie sind denn die Juden durchs Rote Meer gekommen?", fragt er, blickt in die Runde und antwortet selbst: „Moses hat das Wasser geteilt!"
Hitler schnauzt Himmler an: „Her mit dem Mann!"
Sofort werden alle Konzentrationslager durchgekämmt. Moses wird gefunden und zu Hitler gebracht.
„Wie hast du das Rote Meer geteilt?"
„Mit einem Stab."
„Her damit! Wo ist der Stab?"
„Im Britischen Nationalmuseum in London."

Aaron: „Gott der Gerechte, was gibt's Neies?"
Moses: „Was soll's gutes Neies geben? Schlechtes gibt's Neies!"
Aaron: „Nu, was gibt's denn schlechtes Neies?"
Moses: „Der Hitler soll sein tot!"
Aaron: „Gott der Gerechte, das ist doch nichts Schlechtes!"
Moses: „Nein, aber es soll nicht wahr sein!"

Ein Rabbiner wurde gefragt, ob er den Unterschied zwischen einer Katastrophe und einem Unglück kenne.
„Das lässt sich leicht beantworten", sagt der Rabbiner. „Wenn die Decke im Sitzungssaal einstürzt und die gesamte Reichsregierung begräbt, so ist das eine Katastrophe, aber es ist kein Unglück."

BEICHTSTUHL UND KANZEL

Da die Nazis für sich die höchste Autorität in allen Lebensbereichen in Anspruch nahmen, kamen sie zwangsläufig mit der Kirche in Konflikt, die nach Ausschaltung der Parteien, der Gewerkschaften etc. die letzte organisierte Kraft außerhalb der NS-Bewegung war.

Zahlreiche Priester und Ordensleute wurden wegen offener, mutiger Äußerungen von der Kanzel und wegen Hilfeleistungen für politisch oder „rassisch" Verfolgte eingekerkert, andere erhielten „bloß" Redeverbot oder Landesverweis. Die Verbreitung von Gedichten konnte, wie im Falle der Schwester Restituta *(siehe Zweiter Teil, S. 169 ff.)*, die am 30. März 1943 hingerichtet wurde, das Leben kosten.

Gegenstand besonderen Spottes waren Kollaborateure innerhalb des Klerus. So nahm der protestantische Wehrkreispfarrer Ludwig Müller die Bestellung zum „Reichsbischof" („Reibi") durch Hitler an. Er wurde von den Männern der Bekennenden Kirche wie Martin Niemöller, Theophil Wurm u.v.a. eindeutig abgelehnt.

„‚Reibi' braucht kein Rückgrat."
„Warum?"
„Weil er so eine dicke Haut hat."

Worin besteht der Unterschied zwischen einem Missionar und dem Reichsbischof? – Der Missionar macht Wilde fromm, der Reichsbischof macht Fromme wild!

Auf einem Bahnhof ruft der Fahrdienstleiter: „Zurücktreten, bitte zurücktreten!" Ein Herr aber tritt vor. Der Fahrdienstleiter schreit ihn an: „Mein Herr, zurücktreten!" Der Herr dreht sich um und erwidert: „Ich bin der Reichsbischof Müller und trete nie zurück!"

Als Goebbels sein Buch „Vom Kaiserhof zur Reichskanzlei“ veröffentlicht hatte, schrieb der Reichsbischof auch ein Buch und zwar mit dem Titel: „Vom Kirchenlicht zum Armleuchter.“

„Die ‚deutsch–christlichen‘ Pfarrer sollen einen weißen Talar tragen.“
„Warum?“
„Weil sie Müllersknechte sind.“

Das verdunkelte München:
alles schwarz, von Bewegung keine Spur!

Im Beichtstuhl fragt jemand, ob es eine Sünde sei, wenn man jemandem von ganzem Herzen den Tod wünsche. Die Antwort des Priesters: „In diesem speziellen Falle nicht!“

Der Katholizismus und der Nationalsozialismus haben sich endlich auf eine gemeinsame Grundlage geeinigt. Die Katholiken sagen: „Morgens Gebet, mittags Gebet, abends Gebet!“ Die Nazis sagen: „Gebet morgens, gebet mittags, gebet abends!“

Neuestens wird das Vaterunser etwas anders gebetet. Statt „... et ne nos inducas in temptationem“ *(führe uns nicht in Versuchung)* heißt es jetzt „... et ne nos inducas in concentrationem“.

Die katholischen Marientage sind umbenannt worden. Sie heißen jetzt:
„Maria-Gefängnis“, „Maria-Denunziata“, „Maria-Heimdurchsuchung“

Auch die Pfarrer grüßen jetzt mit „Heil Hitler“. Aber der katholische grüßt anders als der evangelische. Der evangelische sagt:

„Im Namen Gottes, Heil Hitler!“,
der katholische: „In Gottes Namen, Heil Hitler!“

„Kennst du den Unterschied zwischen Christentum und Nationalsozialismus?“
„Sehr einfach. Beim Christentum starb einer für alle. Beim Nationalsozialismus sollen alle für einen sterben.“

Der Pfarrer sagt in seiner Predigt: „Die Wahrheit ist verloren, denn die Lüge hinkt heute durch das Land.“
Die Gestapo lädt den Pfarrer vor.
„Haben Sie bei Ihrer Behauptung an Herrn Goebbels gedacht?“
„Nein. Wieso?“
„Nun, wie Sie wissen, hinkt der Propagandaminister.“
„Nun, ja. Aber lügt er denn auch?“

Eine Tages ließ sich Hitler in einem Boot von Hermann Göring insgeheim aufs Meer hinausrudern. „Reichsmarschall“, sagte er, als sie ein Stück weit draußen waren, „kann man uns vom Land aus noch sehen?“ „Nein, mein Führer“, meldete Göring, nachdem er sich vergewissert hatte, worauf Hitler über den Bootsrand kletterte und nach biblischem Muster auf dem Wasser zu wandeln versuchte. Natürlich versank er, und Göring konnte ihn grad’ noch am Kragen wieder ins Boot ziehen. Nachdem Hitler tüchtig Wasser ausgespien hatte, klopfte er mit dem Knöchel schulmeisterlich auf die Bootsbank und stellte fest: „Dann hat es der andere auch nicht gekonnt!“

„Göring geht jetzt häufig in die Kirche.“
„Warum? Ist er plötzlich fromm geworden?“
„Er sucht den Gott, der Eisen wachsen ließ.“

Eine Frau sagt so lange „Ist er noch immer nicht verreckt, dieser Hundsfott?“, bis es ihr Papagei nachspricht.

Eine Nachbarin hört das und macht eine Anzeige. Die Frau wird zur Polizei vorgeladen und beauftragt, den Papagei mitzubringen. In ihrer Todesangst läuft sie zum Pfarrer, der einen ähnlichen Papagei hat, der nichts spricht. Auf der Gestapo bemüht man sich nun, mit allen Leckerbissen den Papagei zum Reden zu bringen. Und als wieder einer sagt: „Na, sag schön: ‚Der Hundsfott soll verrecken'", da spricht der Papagei endlich: „Herr, erlöse uns von allem Übel, amen."

Der Vater sagt seinem Sohn: „Vor jeder Mahlzeit musst du beten:
‚Ich danke dir, lieber Gott, und dir, mein Führer, für das Essen, das ich jeden Tag essen darf.'"
Fragt das Kind: „Aber was soll ich sagen, wenn der Führer stirbt?"
Der Vater: „Dann sagst du nur, lieber Gott, ich danke dir!"

Hitler kommt in den Himmel. Schon im Vorzimmer kritisiert er dauernd an den Anwesenden wegen ihres mangelnden arischen Aussehens herum. Besonders hat es ihm ein jüngerer Mann angetan. Schließlich wird es einem der Kanzleiengel zu dumm, und er fährt den Führer an: „Jetzt sei schon endlich einmal ruhig, das ist der Sohn vom Chef."

Hitler geht heimlich in die Kirche, um für den Endsieg zu beten. Er kniet vor dem Heiland und bittet ihn um ein Zeichen, dass er mit dem Sieg rechnen kann. Aber der Heiland bleibt stumm. Er betet neuerlich mit großer Hingabe und tatsächlich öffnet der Heiland oben am Kreuz die Augen. Hitler fleht: „Gib mir ein Zeichen, Heiland, ein Zeichen!"
Da ertönt die Stimme von oben: „Zieh mir den Nagel aus den Füßen, damit ich dir den Tritt geben kann, den du verdienst."

SIEG UM JEDEN PREIS

Die Eroberungspläne der Hitler-Clique sind, wie auch andere Ziele, bereits aus frühen, jedem zugänglichen NS-Schriften herauszulesen. Die warnenden Zeichen wurden jedoch nicht ernst genommen. Bald sangen die Braunen Bataillone: „Wir werden weitermarschieren, wenn alles in Scherben fällt, denn heute gehört uns Deutschland und morgen die ganze Welt.“ Im offiziellen Gesangsbuch hieß es allerdings zunächst noch unverfänglicher: „Heut’, da hört uns Deutschland ...“

Der „Anschluss“ Österreichs, die „Befreiung“ des Sudetenlandes und die Besetzung der Tschechoslowakei waren wichtige Vorbereitungshandlungen auf dem Weg zum Zweiten Weltkrieg. Auslösendes Moment war der durch die Nationalsozialisten inszenierte „Angriff“ auf den Reichssender Gleiwitz. Hitler gab am 1. September 1939 das Signal zum Krieg.

Der als sicher bezeichnete „deutsche Luftraum“ war im Zuge der Bombardements Gegenstand oft bitteren Spottes. Hatte doch Göring versprochen, der deutsche Luftraum sei unverletzlich und die deutsche Luftwaffe unschlagbar. Großmäulig hatte er erklärt: „Ich will Meier heißen, wenn feindliche Flugzeuge ins Reichsgebiet einfliegen.“

Und auch als die Bevölkerung bereits am eigenen Leib die Realität verspürte, wurde von „geringen und kaum fühlbaren Sachschäden“ gesprochen. „Der Rest *(der feindlichen Luftstreitkräfte)* wurde am Boden zerstört“, hieß es stereotyp im offiziellen Wehrmachtsbericht. Der Radio-Kuckuck, die Warnung im Rundfunk bei einfliegenden „Feindverbänden“, gehörte zum Alltag. Und der Luftschutzraum (LSR) wurde zum immer häufigeren Aufenthaltsort.

„Welcher Unterschied ist zwischen Hitlertruppen und Maikäfern?"
„Gar keiner. Beide sind braun, treten in großen Schwärmen auf und fressen alles kahl."

Graf Bobby soll einrücken. Kurz vorher begegnet ihm Rudi. „Ich hab' geglaubt, du musst einrücken?"
„Ja, ich war schon am Bahnhof, da hab' ich gelesen: ‚Erst siegen, dann reisen.' Naja, da bin ich wieder nach Hause gefahren. Ich kann ja warten."

Hans Moser geht auf Spähtrupp und ist verschollen. Nach einigen Tagen meldet er sich telefonisch bei seinem Hauptmann:
„Herr Hauptmann, meld' gehorsamst! Ich hab' 100 Russen g'fangt." Der Hauptmann ist begeistert. Er verspricht, Moser für das Eiserne Kreuz einzugeben. Moser soll die Gefangenen gleich bringen.
„Geht net, Herr Hauptmann!", nuschelt Moser.
„Ja, warum denn nicht, Mensch?"
„Geht nicht, Herr Hauptmann, weil die lassen mich nicht fort."

Zu Weihnachten besuchte Hitler einen Schützengraben auf dem westlichen Kriegsschauplatz. Die Soldaten waren gerührt und begeistert. Als er wieder ging, zurück nach Berlin, riefen sie ihm nach: „Führer wir folgen dir!"

Weihnachten 1941 fällt aus:

1. Josef ist bei der Wehrmacht.
2. Maria ist dienstverpflichtet.
3. Das Kind ist wegen Bombengefahr evakuiert.
4. Die Weisen aus dem Morgenland erhalten keine Einreisegenehmigung.
5. Der Stern von Betlehem darf wegen der Verdunkelung nicht leuchten.

6. Die Krippe ist bei der NS-Volkswohlfahrt.
7. Heu und Stroh sind von der Wehrmacht beschlagnahmt.
8. Im Stall liegt die Flak.
9. Die Hirten sind zum Arbeitsdienst eingezogen.
10. Allein wegen des Esels lohnt es sich nicht.

Ein Nazi brüstet sich: „Ganz natürlich siegen wir. In der einen Hand hat der Führer die SS, in der anderen die SA und hinter sich das ganze Volk."
Sagt ein Österreicher: „Na, ich hab' schon Leute gesehen, die in einer Hand das Papierl gehabt haben und in der anderen den Schlüssel – und haben sich trotzdem ang'schissen."

„In Wien gibt es nur mehr Optimisten und Pessimisten."
„Wieso denn?"
„Die Ersten glauben, dass wir den Krieg noch heuer verlieren, die anderen glauben, es dauert noch ein Jahr."

„Jetzt müssen alle Wiener zur Marine einrücken."
„Warum denn?"
„Ein echter Wiener geht net unter."

Der beliebteste Tanz ist der Mussolini-Tango:
ein Schritt vorwärts, fünf Schritte zurück, um die Achse, vorsichtig nach dem Partner sehen, damit dieser immer vorne bleibt.

Vor der Himmelstür tauchen eines Tages zwanzig abgeschossene deutsche Flieger auf. Petrus lehnt ihre Aufnahme ab: „Ich kann nur vier von euch hereinlassen."
Ein Major versucht, ihn zu überzeugen, dass sie Kameraden seien und nur zusammen in den Himmel gingen.
„Ich weiß, ich weiß", nickt der Himmelspförtner bedächtig. „Ich würde euch auch gerne alle zwanzig nehmen, aber ich darf nicht. Denn wir richten uns hier ausschließ-

lich nach dem amtlichen deutschen Wehrmachtsbericht."

„Was für ein Unterschied ist zwischen dem wirklichen und dem Radio-Kuckuck?"
„Wenn man den Ersten hört, scheppert man mit dem Geld in der Tasche und beim zweiten scheppert man mit den Knien."

Da die Warnsirenen die Menschen zu sehr erschrecken, werden von jetzt an Melodien gesendet:
Zuerst: „Kuckuck ruft's aus dem Wald",
bei Voralarm: „Kommt ein Vogerl geflogen",
als Hauptsignal: „Alle Vöglein sind schon da, alle Vöglein, alle",
bei Vorentwarnung: „Wenn die Vögel heimwärts ziehen"
und bei Entwarnung: „Oh, du lieber Augustin, alles ist hin"

Die Buchstaben an den Häusern LR *(Luftschutzraum)* können auch „Letzte Ruhestätte" heißen.

Graf Bobby und sein Freund Rudi unterhalten sich über diverse Abkürzungen: SA, SS, NSDAP, NSV. Als sie am nächsten Sonntag zusammen einen Ausflug machen wollen, begrüßt Bobby den Rudi mit einem freundlichen „SCHAS". Rudi fragt, was denn das heißen soll. Darauf Bobby: „Nun halt auch so eine praktische Abkürzung: ‚Schönen alarmfreien Sonntag.'"

Hat sich ein Papagei auf einen Trümmerhaufen zerbombter Häuser geflüchtet und kreischt in der Art der Rundfunkmeldungen:
„Nur geringer Sachschaden, nur geringer Sachschaden."
Die Leute betrachten das als Verhöhnung und verfolgen den Vogel, der sich aber nicht fangen lässt. Schließlich schlägt ihn ein Polizist mit einem Knüppel nieder. Mit letzter Kraft schreit der Papagei:
„Der Rest wurde am Boden zerstört."

Einladung zu einem Bunkerfest.

Eintritt frei. Beginn nach Belieben.

1. Einleitung. Volkslied: „Kuckuck, Kuckuck, ruft Radio Wien“.
2. Auftakt: Sirenengeheul.
3. Einzug der Hausgemeinschaft in die Festräume.
4. Begrüßung durch den Luftschutzwart.
5. Allgemeiner Chor: „Alle Vöglein sind schon da“.
6. Marsch – mit Bomben und Granaten.
7. Lieder, vorgetragen von der Hausgemeinschaft: „Im tiefen Keller sitz' ich hier“ – dann: „Die Nacht ist nicht allein zum Schlafen da“ – dann: „Es geht alles vorüber, es geht alles vorbei“.
8. Vortrag über das Thema: „Was kommt dort von der Höh'“, vorgetragen von Pg. Bombee.
9. Großes Feuerwerk im Freien. Ausführende: Tommy aus London und Flaky aus Wien und Umgebung.
10. Herrenchor: „Guten Abend, gute Nacht, du mein herziges Kind“.
11. Paraphrase über die Arie: „Ich warte auf das große Wunder, tralala“.
12. Rundgesang der Sirene – Ende der Veranstaltung.
13. Chor und Abgesang der Hausgemeinschaft: „Ich hatte einst ein schönes Vaterland“ – und: „Es stand ein Haus ...“
14. Schlusslied: „Wien, Wien nur du allein ...“ – dann: Abmarsch über Treppen und Trümmer.

Besuchen Sie, bitte, unsere Veranstaltungen.
Hochinteressant!

Gasmaske mitbringen. Programmänderungen vorbehalten. Bei Reiseschwierigkeiten der Londoner Mitwirkenden fallen die Veranstaltungen aus, es sei denn, dass im letzten Moment Ersatz aus Amerika eintrifft.

Gezeichnet:
Luftschutzkommandant
Sandsack

Graf Bobby ist unter die Kampfflieger gekommen. Er fliegt mit einem Kampfverband gegen England. Doch er verliert seinen Kampfverband, kommt schließlich verspätet und allein nach Deutschland zurück, klinkt seine Bomben im Notwurf aus und landet am heimatlichen Flugplatz. Befragt, warum er denn seine Bomben nicht über England abgeworfen habe, antwortet er:
„Ich hab' mich verspätet. Auf einmal waren die anderen weg. Und dann muss ich mich auch verflogen haben. Schließlich bin ich doch angekommen. – Aber kaum bin ich über London gewesen, geben die Entwarnung. Na, da ist mir nichts übrig blieben, als wieder umzukehren."

Ein Affe und ein Papagei in einem ausgebombten Haus langweilen sich. Da sagt der Papagei zum Affen: „Weißt was, spiel' ma verstecken." „Was ist denn das?", fragt der Affe. „Na, du brauchst nur die Augen zuzumachen, ich verstecke mich und ruf' dich dann." „Einverstanden", sagt der Affe und schließt die Augen. Nach einer Weile ruft der Papagei. In dem Moment fällt wieder eine Bombe auf das Haus und beide sind verschüttet. Als sie sich endlich herausgearbeitet haben, sagt der Affe verdrossen zu seinem Kameraden: „Du, spiel' ma lieber 'was anderes."

Max und Paul sitzen in der Kneipe und trinken das dünne Kriegsbier. Da sie sich verbotene Witze erzählen, merken sie gar nicht, dass es schon spät geworden ist und nach den bisherigen Erfahrungen jeden Augenblick Fliegeralarm kommen kann. Sie beschließen also, in der Kneipe zu bleiben und trinken weiter. Die Zeit vergeht, ohne dass die Alarmsirene ertönt. Sagt Paul: „Mensch, Max, denen wird doch nichts passiert sein."

Ein durch Fliegerangriff Geschädigter, dessen Wohnung völlig vernichtet wurde, kommt aufs Amt zur Regelung von Fliegerschäden. Im Vorraum sieht er zwei Türen:

„Für Schwergeschädigte" – „Für Leichtgeschädigte". Da er alles verloren hat, tritt er durch die Tür für Schwergeschädigte ein. Dort sieht er sich wieder zwei Türen gegenüber: „Für Bemittelte" – „Für Unbemittelte". Da er auch kein Vermögen hat, tritt er durch die Tür für Unbemittelte. Wiederum zwei Türen: „Für Parteigenossen" – „Für Nichtparteigenossen".
Da er kein Parteigenosse ist, öffnet er also die Tür für Nichtparteigenossen und – steht wieder auf der Straße.

Im Ruhrgebiet und Köln gesungen:
Lieber Tommy, flieg doch weiter!
Hier sind nur die Ruhrarbeiter,
flieg doch lieber nach Berlin,
die haben ganz laut „ja" geschrien.

In einem deutschen Kriegsgefangenenlager meldet sich der Lagerälteste zum Rapport und beklagt sich beim diensthabenden Offizier über das schlechte Essen.
„Hörn Sie 'mal zu", schnauzt ihn der Offizier an, „wir Deutsche führen Krieg in Afrika, über England, hoch im Norden und im Kaukasus. Da muss jeder den Gürtel enger schnallen. Uns Deutschen geht es auch nicht besser. Jeder muss Opfer bringen! Verstehen Sie das, Mann?"
„Jawohl", sagt der Lagerälteste, „das versteh' ich schon. Aber eins versteh' ich nicht: wozu halten Sie sich dann Gefangene?"

Welches Land hat die größte Flotte?
Deutschland. Es hat nicht nur 80 Millionen Kohldampfer, sondern auch den größten Zerstörer der Welt.

Hitler hat Untertemperatur.
Es fehlen ihm zwei Grad: Stalingrad und Leningrad.

Als der Krieg sich immer mehr in die Länge zog und der Friede ausblieb, soll Weiß Ferdl auf die Frage, ob wir wohl verlieren würden, wehmütig geantwortet haben: „Verlieren – nein, wir können den Krieg gar nicht verlieren, wir werden ihn behalten!"

Wann ist der Krieg zu Ende?
Wenn alle Betriebe „geschlossen" hinter dem Führer stehen.

Wann ist der Krieg zu Ende?
Wenn an jeder NS-Dienststelle steht: Wegen Einberufung geschlossen!

Wann ist der Krieg zu Ende?
Am Ersten – denn wir kämpfen bis zum Letzten.

Wann ist der Krieg zu Ende?
Wenn Hermann Göring die Hosen von Joseph Goebbels passen.

Vom Nordkap bis zum Schwarzen Meer
hat der Soldat es furchtbar schwer,
es gibt statt Braten eine Laus
zum Frontsoldatenweihnachtsschmaus.
Doch die Pgs in den Etappen,
die fressen selbst die besten Happen,
Krieg kennen s' nur vom Hörensagen,
bald geht's auch ihnen an den Kragen.

Soldatenlied
Erwacht Soldaten und seid bereit,
gedenkt eures ersten Eid'.
Für das Land, in dem ihr gelebt und geboren,
für Österreich habet ihr alle geschworen.
Das sieht ja schon heute jedes Kind,
dass wir von den Preußen verraten sind.
Für die uralte heimische Tradition
haben sie nichts als Spott und Hohn.

Den altösterreichischen General
kommandiert ein Gefreiter von dazumal,
und der österreichische Rekrut
ist für sie nur als Kanonenfutter gut.
Zum Beschimpfen und Leuteschinden
mögen sie andere Opfer finden.
Mit ihrem großen preußischen Maul
sind sie, uns herabzusetzen, nicht faul.
Dafür haben sie bis auf den letzten Rest
die Ostmarkzitrone ausgepresst.
Unser Gold und Kunstschätze schleppten sie gleich
in ihr abgewirtschaftetes Nazireich.
Unser Fleisch, Obst, Milch und Butter
waren für sie ein willkommenes Futter.
Sie befreiten uns, und ehe man's glaubt,
hatten sie uns gänzlich ausgeraubt.
Selbst den ruhmvollen Namen stahl uns die Brut,
und jetzt wollen sie auch noch unser Blut.
Der Bruder Schnürschuh ist nicht so dumm,
gebt Acht, er dreht die Gewehre um.
Der Tag der Vergeltung ist nicht mehr weit,
Soldaten, gedenkt eures ersten Eid':
Österreich!
Wir Österreicher, auf uns gestellt,
hatten Frieden und Freundschaft mit aller Welt.
Die Welt vergiftet mit ihrem Hass,
sie machen sich jedes Volk zum Feind,
sie haben die Welt gegen sich vereint.
Die Mütter zittern, die Männer g'angen,
der Himmel ist schwarz mit Wolken verhangen.
Der schrecklichste Krieg, den die Menschheit gekannt,
steht furchtbar vor unserem Heimatland.
Es droht uns Elend und Hungersnot,
der Männer und Jünglinge Massentod.
Kameraden, trotzt dem verderblichen Wahn!
Was gehen uns die Händel der Preußen an!
Was haben uns die Völker getan?

Wir nehmen die Waffen nur in die Hand
zum Kampf fürs freie Vaterland,
gegen das braune Sklavenreich,
für ein glückliches Österreich!
(Siehe: Zweiter Teil, 12., S. 169 ff.)

1942 wurde gefragt: „Wie lange dauert der Krieg noch?“ Antwort: „Noch zwölf Jahre. Dann ist Adolf fünfundsechzig und wird pensioniert.“

Im Winter 1943/44:
Nach Deutschland zogen zwei Grenadier’,
sie ziehen durch Wind und durch Schnee,
sie ziehen nach Hause in ihr Quartier –
zwei – aus der ganzen Armee!
Es ist geschlagen die große Armee,
in Russland fand sie ihr Grab.
Es weht der Wind, es fällt der Schnee,
Heil Hitler, Heil Himmler! Heil Stab!

Die Kompanie hat endlich die lang ersehnten Pelze bekommen. Die Verteilung findet in der Dunkelheit statt. Plötzlich beginnt ein feindlicher Angriff und verursacht ein grässliches Durcheinander und große Verwirrung. Doch der Kompaniechef verliert nicht den Kopf. Er gibt das Kommando: „Breitschwänze links, Karakullen rechts, Schafe vorwärts!“

Der Rückzug der deutschen Truppen in Russland seit 1943, der den Zusammenbruch einleitete, wurde gelegentlich „Kaiser-Napoleon-Gedächtnis-Rennen“ genannt.

„Welches ist das gastfreundlichste Land?“
„Russland.“
„Warum?“
„Die haben uns zwei Jahre ausgehalten, und jetzt begleiten sie uns noch nach Hause.“

Im Westen, Norden – überall –
umgürtet uns ein fester Wall,
bloß über uns, ja leider, ach!
fehlte uns ein starkes Panzerdach.

Einer fragt auf der Gasse:
„Bitte, wie spät ist es denn?"
Der andere: „Einflug auf Kärnten und Steiermark. Also viertel zwölf."
„Danke sehr."

Ein Rabe zum andern: „Na, Herr Kollege, a bisserl mager sind wir geworden."
Der Zweite: „Macht nichts! Wenn der Hitler nur endlich seine Frühjahrsoffensive beginnt, werden wir wieder in rauen Mengen zu fressen bekommen."

Oh Adolf, denk an Stalingrad
und befolge unsern Rat:
Mach Frieden, stell das Morden ein
und lass uns Frontsoldaten heim.

Die Niederlage der Deutschen in Tunis nannte man im Anklang an Stalingrad und den englischen Rückzug von Dünkirchen „Tunisgrad und „Tunkirchen".
Nach diesem Ereignis grüßte man mit „Heul Hitler!"

Zu Beginn des Jahres 1944 heiratet Hitler. Seine Frau ist eine Japanerin. Ihr Name: Haja Sammas.

Wie sieht Weihnachten 1944 aus?
Es regnet Christbäume vom Himmel, die Flak liefert Kugeln, Goebbels erzählt Märchen, das deutsche Volk zündet die Kerzen im Keller an und erwartet die Bescherung von oben.

Wie lautet der kürzeste Witz? – Wir gewinnen den Krieg.

Eine Inschrift am Denkmal des Prinzen Eugen:
Steig herunter, edler Reiter,
der Gefreite kann nicht weiter.

Das war auf einem von Bomben zerstörten Klosett zu lesen:
Zwanzig Jahre hab' ich hier geschissen,
dann ham mir die Briten das Häusel zerschmissen,
und tät' ein Gewisser nicht „Meier" heißen,
so tät' ich noch zwanzig Jahre hier scheißen.

Bei Fliegeralarm erscheinen im Luftschutzkeller dreierlei Menschen. Die einen grüßen „Guten Abend", die waren noch nicht im Bett; die anderen grüßen mit „Guten Morgen", die haben schon ausgeschlafen; die dritten grüßen mit „Heil Hitler", die sind noch nicht aufgewacht.

Im Luftschutzkeller:
„Wo wären wir jetzt, wenn wir den Führer nicht hätten?"
Eine ruhige Stimme von hinten: „Im Bett."

ZUSAMMENBRUCH UND DANACH

Der Krieg wurde von den nationalsozialistischen Machthabern auch noch mit vollem Einsatz weitergeführt, als sie selbst nicht mehr den „Endsieg“ für möglich hielten. Manche der Schuldigen hofften, in einer Phase des allgemeinen Zusammenbruchs und des völligen Chaos untertauchen zu können, um so nicht zur Verantwortung gezogen zu werden. Andere wollten die „Volksgenossen“ mit sich in den Untergang reißen. Die Kriegspropaganda lief bis zum Ende auf Hochtouren.

Die Propagandamaschine und die Gestapo mit ihrer Menschenjagd auf NS-Gegner und Kriegsmüde waren die einzigen Institutionen, die bis zuletzt völlig funktionierten. Dem unaufhaltbaren Vormarsch der alliierten Truppen wurden so gut wie unausgebildete, schlecht bewaffnete alte Männer und halbe Kinder, der sogenannte „Volkssturm“, entgegengestellt. Man versuchte, die Bevölkerung durch die Ankündigung einer „Vergeltungswaffe“, sogenannter „V-Waffen“, bei der Stange zu halten. Nach der V-1, einem Raketentyp, der auch tatsächlich gegen England zum Einsatz kam, sollte eine verbesserte V-2 die Wende des Krieges für das Dritte Reich herbeiführen.

Welcher Unterschied ist zwischen Blitz und Donner und der Vergeltung?
Den Blitz sieht man, aber man hört ihn nicht.
Den Donner hört man, aber man sieht ihn nicht.
Und von der Vergeltung sieht und hört man nichts.

Die letzte neue Waffe besteht aus einem langen Stecken mit einem großen weißen Tuch am andern Ende.

Die V-2 ist die verstärkte V-1. Mit einem einzigen Schuss

vernichtet sie 1000 Engländer und bringt gleich 500 Gefangene mit.

„Die V-2 ist ein Zweimann-U-Boot mit einer Gummihaut von 1,5 m Dicke."
„Wieso?"
„Das Boot fährt dauernd um England herum, um es auszuradieren."

Hitler will vom Flugzeug aus die Wirkung der V-Waffen beobachten. Er freut sich über die vielen Krater und Bombentrichter, die er überfliegt: „Schon eine herrliche Waffe, die wir da haben." Darauf der Pilot: „Sie irren, mein Führer. Wir befinden uns noch über Hamburg."

Die neue Waffe V-1 ist eine Engländerin und heißt Miss Lungen *(misslungen).*

Die Wunderwaffe, V-1, wurde genannt: „Volksverdummung Nr. 1".

Wie grüßt die Wehrmacht und wie der Volkssturm?
Die Wehrmacht mit Erheben der rechten Hand,
der Volkssturm mit Erheben beider Hände.

Der Volkssturm hat schon die Winteruniformen ausgefasst, bestehend aus je einer pelzgefütterten Armbinde.

Volkssturm-Männer werden jetzt immer zu zweit an die Front geschickt. Einer wirft einen Stein und der andere ruft: „Bumm!"

Der Volkssturm tritt an. Der Kompaniechef ist verhindert und will in einer Stunde kommen. Als er dann eintrifft, ist nur mehr ein Drittel der Eingezogenen da. Das zweite Drittel holt sich seine Invalidenrente. Das dritte Drittel muss zur Konfirmation.

„Alle Kinderwagen werden jetzt beschlagnahmt."
„Warum?"
„Der Jahrgang 1943 wird an die Front gefahren."

Hitler:
„In Anbetracht unserer hohen Verluste im Kampf gegen die bolschewistischen Untermenschen habe ich mich entschlossen, die Schwangerschaftsdauer im gesamten Großdeutschen Reich mit sofortiger Wirkung von neun auf sechs Monate herabzusetzen."

Maikäfer flieg,
dein Vater ist im Krieg.
Jetzt ziehn sie auch den Opa ein,
das soll dann die Vergeltung sein,
Maikäfer flieg.

Krause wird für den Volkssturm gemustert. Nachdem er seine Beinprothese abgeschnallt hat und sich anschickt, sein Glasauge herauszunehmen, winkt der Stabsarzt ab: „Untauglich!"
Darauf schnallt sich Krause wieder die Prothese an, humpelt zur Tür und geht mit dem Hitler-Gruß hinaus. Murmelt der Stabsarzt: „Und verrückt ist er auch, der Arme."

Wer hat Gold im Mund, Silber im Haar und Blei in den Gliedern?
Der Volkssturm-Mann.

Auf einem Volkssturm-Militärtransportwagen stand geschrieben:
Wir alten Affen
sind die neuen Waffen.

Die Heidelberger Stadtwacht, bestehend aus dem letzten, für den Wehrdienst nicht mehr brauchbaren Aufgebot, ist zum Appell angetreten. Die Männer stehen mit verdrossenen Gesichtern herum und erhoffen den Beginn des täglichen Alarms, um sich verdrücken zu können. Da begrüßt im hinteren Glied einer den anderen mit den Worten: „Na, auch in der Hitlerjugend-Spätlese?"

Bei der Musterung fragt der Arzt streng: „Was haben Sie?"
„Ich bin kurzsichtig, Herr Oberstabsarzt."
Der Arzt: „Quatsch! Kurzsichtig sind wir alle. Ich bin kurzsichtig, die Herrn Offiziere sind kurzsichtig, und auch der Führer ist kurzsichtig. Trotzdem müssen wir unsere Pflicht erfüllen. Abtreten! Kv!" *(Kriegsverwendungsfähig)*
Ein anderer leidet an ständigen Kopfschmerzen.
„Einbildung!", knurrt der Oberstabsarzt. „Ich habe ebenfalls dauernd Kopfschmerzen, die Herrn Offiziere und der Führer auch. Trotzdem erfüllen wir unsere Pflicht. Abtreten! Kv!"
Der nächste gesteht leise, dass er magenleidend sei.
„Unsinn!", schnauzt ihn der Arzt an. „Ich bin auch magenleidend, die Herrn Offiziere sind es und der Führer ebenso. Aber jeder erfüllt seine Pflicht. Abtreten! Kv!"
Ein anderer lächelt den Stabsarzt an und sagt: „Geben Sie sich keine Mühe, ich bin blöde."

Der tote Hindenburg erhält von Petrus vierzehn Tage Urlaub für einen Deutschlandbesuch. Bereits nach einem Tag ist er wieder da. Petrus fragt ihn ganz überrascht, was ihn denn so schnell wieder in den Himmel zurückgeführt habe. „Nein, da war meines Bleibens nicht", sagt Hindenburg. „Die ziehen gerade meinen Jahrgang ein."

Von zwei Volkssturm-Männern, die zu nichts mehr zu gebrauchen sind, wird einer zum Mistkehren eingeteilt und der andere zum Pferdeausführen. Wieder zu Hause, nach ihrer Tätigkeit gefragt, sagt der eine, dass er Kücheninspektor, der andere, dass er Gauleiter war.

Zwei schwer kriegsbeschädigte Almosenempfänger:

Erster: „Wenn ich so nachdenke, dass manche Verheißungen des Führers in Erfüllung gegangen sind..."

Zweiter: „So? Welche denn?"

Erster: „Na, dass wir Habenichtse den Krieg gewinnen werden. Gewonnen haben wir ihn zwar nicht, aber Habenichtse, das sind wir doch."

Zwei Männer mit Spaten gehen über den Friedhof. Ein Alter ruft ihnen nach: „Ihr wollt wohl den Ersatz für den Volkssturm ausheben?"

Eine Frau geht für ihren Buben Spielzeug einkaufen. Der Händler bietet ihr hölzerne Soldaten an, einen um 30 Pfennig, dann hölzerne Kavalleristen um 50 Pfennig und schließlich Volkssturm-Männer um zwei Mark.
Die Frau fragt empört: „Wieso sind denn die so teuer?"
Darauf der Händler: „Ja, was glauben Sie denn, da muss einer einen Buckel haben oder ein kürzeres Bein oder zumindest eine Krücke oder eine Blindenbinde. Kurzum, es muss alles genau gemacht sein, dass es wirklich nach Volkssturm aussieht."

Wann ist der Krieg zu Ende?
Wenn der Berliner Volkssturm mit der S-Bahn an die Front fährt.

Einer will sich das Leben nehmen, findet aber den Mut nicht dazu. So geht er und zeigt sich an, dass er schwarz geschlachtet habe. „Ham S' ma was mitgebracht?", fragt ihn der Beamte leise. Der Lebensmüde schüttelt den Kopf. Da er sieht, dass hier nichts zu machen ist, geht er zu einem anderen und sagt, dass er Ausland gehört habe. „Was ham s' denn heute gesagt?", fragt ihn dieser leise. „Ich hab' nämlich nur einen Volksempfänger."
Jetzt geht er direkt zu einem hohen Nazibonzen und haut

ihm eine runter. Der reibt sich verdutzt die Wange und fragt ängstlich: „Um Gottes willen! Ist es schon so weit?" – Da gibt der Mann sein Vorhaben auf.

1944 lässt sich Hitler einen alten Rabbiner vorführen, von dem behauptet wird, dass er die Zukunft lesen könne. Hitler verlangt zu wissen, wer den Krieg gewinnen werde.
„Da muss ich das Münzorakel befragen."
Hitler: „Wie geht das vor sich?"
„Wenn die Münze mit dem Kopf nach oben fällt, siegt Russland."
„Und wenn sie mit der Schrift nach oben fällt?", will Hitler wissen.
„Dann siegt England."
Hitler: „Und eine andere Möglichkeit gibt es nicht?"
„Oh, doch", sagt der Rabbiner, „die Münze kann auf der Kante stehen bleiben, dann siegt Frankreich. Oder Gott kann ein Wunder tun, und sie bleibt in der Luft hängen, dann siegt die Tschechoslowakei."

Meier hat mit Müh und Not dreihundert Mark erspart und trägt sie auf die Bank, weil er gehört hat, dass man das so macht. Als er am Schalter steht, um einzuzahlen, kommen ihm aber doch Bedenken, sich von seinem schönen Geld zu trennen. „Sagen Sie", fragt er den Bankbeamten, „sind meine Gelder bei Ihnen bestimmt gut aufgehoben?"
„Aber ich bitte Sie!", antwortet ihm der Beamte mit überlegenem Lächeln. „Natürlich steht Ihnen die Bank für den Betrag jederzeit gut!"
„Was ist aber, wenn die Bank in Konkurs geht?"
„Das ist zwar sehr unwahrscheinlich, lieber Herr, aber bitte: in diesem Fall würde natürlich das Deutsche Reich die Garantie übernehmen."
„Und wenn das Deutsche Reich zugrunde geht?"
„Also, das sollte Ihnen dreihundert Mark wert sein."

Gegen Ende des NS-Regimes:
„Viele Parteigenossen sind jetzt blasenkrank!"
„Wieso denn das?"
„Sie möchten gern austreten, können aber nicht."

Die Bezeichnung Pg. im Laufe der Zeit:
1932 – Parteigenosse.
1933 – Parteigenießer.
1944 – Peinlich genug.
1945 – Pech gehabt.

1944: Wenn wir den uns aufgezwungenen Krieg bloß nicht angefangen hätten!

„Das Nilpferd soll jetzt den Reichsadler als Wappen ersetzen."
„Warum?"
„Weil es zeitgemäßer ist. Das Nilpferd steht bis zum Hals im Wasser und reißt das Maul weit auf."

Zeitungsinserate

1938: Echter Van Dyck gegen arische Großmutter zu tauschen gesucht.

1944: Goldenes Parteiabzeichen gegen nichtarische Großmutter zu tauschen gesucht.

1945: Goldenes Parteiabzeichen gegen Siebenmeilenstiefel zu tauschen gesucht.

Die Nazis haben eine neue Werbeaktion gestartet. Wer drei neue Mitglieder wirbt, darf nun sein Parteiabzeichen unter dem Rockaufschlag tragen. Wer fünf neue Mitglieder bringt, wird aus der Mitgliederliste gestrichen. Wer aber zehn neue Mitglieder heranholt, erhält eine Bescheinigung, dass er der Partei nie angehört hat.

Leitsätze 1945:
Kopf hoch oder Kopf ab!
Glauben oder dranglauben!

Gegen 1945: Eine Frau kommt mit einem kleinen braunen Hunderl zum Tierarzt, der trotz gründlichster Untersuchung nichts finden kann. „Aber warum zittert er denn dann so den ganzen Tag?“, fragt die Frau den Arzt. Der antwortet: „Das ist kein Wunder, die braunen Hunde fangen jetzt alle an zu zittern.“

„Welche Stadt hat die meisten Warenhäuser?“
„Berlin.“
„Wo sie hinsehen – überall waren Häuser.“

Was ist Berlin, als Kunstwerk betrachtet?
Eine Radierung Churchills nach Ideen von Hitler.

Stationen einer neuen Berliner Autobuslinie:
Reichstrümmerfeld – Klamottenburg – Neustehtnix – Trichterfelde-West.

Ein Berliner erzählt: „Beim letzten Angriff sind die Ziegel noch drei Tage lang herumgeflogen. Ein Wiener sagt: „Na und bei unserem letzten Angriff werden die Hitler-Bilder noch 14 Tage herumfliegen.“

Mutter Germania ist schwer erkrankt –
Klein-Deutschland ist unterwegs.

Telefongespräch: „Ist dort Berlin-West?“
„Nein, hier ist Berlin-Rest.“
„Oh Pardon, dann habe ich falsch gewählt.“
„Ja, ich auch.“

Wie schnell doch die Zeit vergeht!
Schon sind tausend Jahre um!

Der Lehrer fragt die Kinder, welche Sprachen sie nach dem Krieg lernen wollen. Eines sagt: „Der Vater lasst uns Englisch lernen, weil ma nach dem Krieg auswandern wollen.“ Und ein anderes sagt: „Wir lernen Spanisch, weil wir nach Südamerika wollen.“ Das Dritte sagt: „Wir lernen Russisch, weil ma dableiben wollen.“

Churchill kommt nach Berlin, um Frieden zu schließen. Er hat auch eine Tasche voller Geld mitgebracht, zur Bezahlung der Kriegsschäden, die von englischen Fliegern angerichtet wurden. Reichsaußenminister Ribbentrop empfängt ihn: „Aber lieber Churchill, das reicht doch nicht. Antwortet Churchill: „Wieso denn? Ihr habt doch immer geschrieben: ‚Englische Flieger haben nur geringe Sachschäden verursacht.‘“

Churchill, Stalin und Hitler beraten, wie sie nach dem Krieg die Menschen für die von ihnen vertretenen Ideale gewinnen werden. Churchill meint: „Nur freiwillig und ohne Zwang.“ Stalin: „Nur mit Zwang – nix freiwillig.“ Und Hitler: „Mit freiwilligem Zwang.“
Da sie sich aber nicht einigen können, wollen sie den Erfolg ihrer Auffassungen auf die Probe stellen. Jeder von ihnen soll eine Katze nötigen, etwas zu tun, was sie nicht will, nämlich Senf fressen. Churchill versucht es auf freiwilliger Basis – vergeblich. Stalin mit Zwang – vergeblich. Dann kommt Hitler dran. Er wirft die Katze in ein Faß mit Senf und taucht sie ordentlich unter. Als sich die Katze endlich herausgearbeitet hat, schleckt sie sich den Senf vom Fell. „No, sehen Sie, meine Herren!“

Hitler, Göring und Goebbels unterhalten sich, was sie beginnen sollen, wenn der Krieg verloren gehen sollte. Göring: „Mir kann nichts passieren. Ich werde wieder Flieger!“ Goebbels: „Mir auch nicht. Ich gehe in meine Redaktion zurück.“ Lacht Hitler hellauf: „Da ich Österreicher bin, werde ich dann zu den Siegern gehören.“

1945 unterhalten sich drei Freunde, was sie nach dem Krieg machen sollen. Der erste sagt: „Ich lege mich vier Wochen lang an den Ostseestrand und tue gar nichts."
Der zweite: „Ich baue mir ein Häuschen und pflege den Garten."
Der dritte ist bescheidener, er plant nur eine Radtour durch „Großdeutschland".
Fragen die beiden anderen: „Und was machst du am Nachmittag?"

Wien im letzten Kriegsjahr. Die Stimmung ist auf den Nullpunkt gesunken. Da werden auf dem Stephansplatz Flugblätter verteilt. Als auch ein Ausländer einen Zettel erhascht, sieht er, dass das Blatt auf beiden Seiten leer ist. Er wendet sich an den Zettelverteiler um Auskunft. „Text? Brauchen wir keinen. Die Wiener wissen auch so, was gemeint ist."

In der Wohnung eines guten Österreichers ist weit und breit kein Führerbild zu finden. Sein Freund, der zu Besuch kommt, kritisiert das:
„Sag mir, wo willst du denn einmal hinspucken, wenn es losgeht?"

Die Naziherrschaft ist zu Ende. Das Urteil ist gesprochen. Hitler, Göring und Goebbels hängen am Galgen. Da wendet sich Göring noch einmal rechthaberisch zu Goebbels und röchelt ihm zu: „Ich habe es dir ja immer gesagt: ‚Die Sache wird in der Luft entschieden!'"

Ein hoher SS-Führer findet nach dem Zusammenbruch Zuflucht vor den Alliierten in einem Kloster. Doch auch dort ist er nicht sicher. Als die Militärpolizei eindringt, flüchtet er unter die Kutte einer Nonne. Doch trotz der Gefahr wird er nach einer Weile zudringlich. Da flüstert die Nonne wütend: „Gib Ruh', du Trottel. Ich bin doch der Kreisleiter."

Es geht alles vorüber,
es geht alles vorbei,
zuerst Adolf Hitler,
dann seine Partei!

Unter der Laterne
vor der Reichskanzlei
hängen alle Bonzen,
der Führer hängt dabei.
Und alle Leute bleiben stehn,
sie wollen ihren Führer sehn!
(Musik: Lili Marleen)

Doch schreit dann einer, „Ich hab' nichts bestellt.
Der Führer hat's doch befohlen!“,
dem werden sie sagen: „Du trauriger Held,
du hast bis zuletzt mitgestohlen!“
Drum hört meinen Rat: „Wer die Zeit verpasst,
der wird mit denen zusammengefasst,
dem hilft dann keine Schwäche,
der haftet mit für die Zeche!“

Der Zweite Weltkrieg ist aus. Graf Bobby sitzt wieder in seinem Stammcafé. Er bestellt: „Eine Melange, Herr Ober, und den ‚Völkischen Beobachter‘.“ Der Kellner bringt den Kaffee und sagt: „‚Völkischen Beobachter‘ gibt's nicht mehr, Herr Graf.“ Als er seinen Kaffee ausgetrunken hat, bestellt Bobby: „Einen Cognac, Herr Ober, und den ‚Völkischen Beobachter‘.“ Der Kellner bringt den Cognac und sagt: „‚Völkischen Beobachter‘ gibt's nicht mehr, Herr Graf.“ Nach einer Weile bestellt Bobby wieder: „Noch einen Cognac, Herr Ober, und den ‚Völkischen Beobachter‘!“ „Aber, Herr Graf, wie oft hab' ich Ihnen schon gesagt: den ‚Völkischen Beobachter‘ gibt es nicht mehr!“
„Ich weiß, ich weiß. Aber ich hör' es so gern. Ich kann's nicht oft genug hör'n!“

ZWEITER TEIL

Gesetze, Urteile, Berichte

1. Reichsgesetzblatt, Teil 1, Nr. 137 vom 29. Dezember 1934
Vgl. auch S. 155 ff.

Reichsgesetzblatt

Teil I

1934	Ausgegeben zu Berlin, den 29. Dezember 1934	Nr. 137

Inhalt

Gesetz gegen heimtückische Angriffe auf Staat und Partei und zum Schutz der Parteiuniformen.

Vom 20. Dezember 1934.

Die Reichsregierung hat das folgende Gesetz beschlossen, das hiermit verkündet wird:

Artikel 1

§ 1

(1) Wer vorsätzlich eine unwahre oder gröblich entstellte Behauptung tatsächlicher Art aufstellt oder verbreitet, die geeignet ist, das Wohl des Reichs oder das Ansehen der Reichsregierung oder das der Nationalsozialistischen Deutschen Arbeiterpartei oder ihrer Gliederungen schwer zu schädigen, wird, soweit nicht in anderen Vorschriften eine schwerere Strafe angedroht ist, mit Gefängnis bis zu zwei Jahren und, wenn er die Behauptung öffentlich aufstellt oder verbreitet, mit Gefängnis nicht unter drei Monaten bestraft.

(2) Wer die Tat grob fahrlässig begeht, wird mit Gefängnis bis zu drei Monaten oder mit Geldstrafe bestraft.

(3) Richtet sich die Tat ausschließlich gegen das Ansehen der NSDAP. oder ihrer Gliederungen, so wird sie nur mit Zustimmung des Stellvertreters des Führers oder der von ihm bestimmten Stelle verfolgt.

§ 2

(1) Wer öffentlich gehässige, hetzerische oder von niedriger Gesinnung zeugende Äußerungen über leitende Persönlichkeiten des Staates oder der NSDAP., über ihre Anordnungen oder die von ihnen geschaffenen Einrichtungen macht, die geeignet sind, das Vertrauen des Volkes zur politischen Führung zu untergraben, wird mit Gefängnis bestraft.

(2) Den öffentlichen Äußerungen stehen nichtöffentliche böswillige Äußerungen gleich, wenn der Täter damit rechnet oder damit rechnen muß, daß die Äußerung in die Öffentlichkeit dringen werde.

2. *Urteil in der Strafsache gegen Anton Blauensteiner vom 16. Juni 1943*

Rechtskräftig .
St.Pölten, den 16.Juni 1943

St.Pölten, den 16.6.1943

Der Urkundsbeamte der Ge=
schäftsstelle:
N e g e r l e Just,Insp.

Sondergericht beim Landgericht Wien
1.K a m m e r
2 SKMs 12/43 (467)

SHv 8805/47

Im Namen des deutschen Volkes !

Strafsache
gegen

den Reichsbahnarbeiter Anton B l a u e n s t e i n e r aus Spitz a.Donau Nr.78,geboren am 22.Mai 1899 in Spitz a.Donau, Kreis Krems, DRA., rk., verheiratet, unbescholten; in dieser Sache in Untersuchungshaft in der Haftanstalt des Landgerichts St.Pölten,

wegen

Vergehens nach § 2 Absatz 1 und 2 des Heimtückegesetzes.

Das Sondergericht Wien hat in der Sitzung vom 16.Juni 1943 in St.Pölten, an der teilgenommen haben :

LGR. E w a l d als Vorsitzer,
AGR. Dr. F r e u d e n b e r g e r ,
LGR. W e i n g a r t e n ,als beisitzende Richter,
Ger.Ass. W i l l e c k e als Beamter der Staatsanwaltschaft,
Just.Ang. R e i n e r als Urkundsbeamte der Geschäftsstelle
für Recht erkannt :

Der Angeklagte wird wegen heimtückischer Äusserungen , ins= besondere wegen Beleidigung des Führers,

zu 1 (einem) Jahr und 6 (sechs) Monaten Gefängnis

und zu den Kosten des Verfahrens verurteilt.

Auf die Strafe wird die Vorhaft vom 15.März 1943,1o Uhr, bis zum 16.Juni 1943, 16 Uhr angerechnet.

G r ü n d e :

I./ Die persönlichen Verhältnisse des Angeklagten.

Der jetzt 44 Jahre alte Angeklagte ist der Sohn eines Zimmermanns aus Spitz a.Donau. Dort besuchte er eine sechs=

klassige Volksschule und erlernte das Schuhmacherhandwerk. Nach seiner Freisprechung im Jahre 1917 wurde er zur Wehrmacht einbe= rufen und an der italienischen und französischen Front eingesetzt, wo er im Oktober 1918 in Gefangenschaft geriet. Nach seiner Ent= lassung aus der Gefangenschaft im Dezember 1918 arbeitete er bis zum Jahre 1926 an verschiedenen Stellen als Hilfsarbeiter. Dann wurde er bei der Bundesbahn als Bahnhelfer eingestellt, im Jahre 1934 angeblich wegen Nichtbeitritts zur VF. ausser Dienst ge= setzt und nach Beitritt zur VF. im Jahre 1936 wieder in den Bahn= dienst eingestellt, in dem er seitdem als Oberbauarbeiter in Spitz beschäftigt ist. Sein monatliches Einkommen beträgt etwa 136.-- RM. Der Angeklagte ist verheiratet und hat zwei Kinder im Alter von 3 und 19 Jahren. Der neunzehnjährige Sohn ist jetzt als Flieger zur Wehrmacht einberufen. Der Angeklagte ist unbescholten. Er ist bei Eintritt in den Bahndienst im Jahre 1926/27 Mitglied der sozialdemokratischen Partei und im Jahre 1930 sozialdemokra= tischer Gemeinderat in Spitz geworden. Mitgliedschaft und Gemeinde= ratsstellung hielt er bis zur Auflösung der SPÖ. im Jahre 1934 inne. In den Jahren 1936 bis 1938 gehörte er der VF. an. Seit dem Juli 1938 ist er Mitglied der DAF.

Dies ergibt sich aus den Angaben des Angeklagten.

II./ Festgestellter Sachverhalt.

In der Hauptverhandlung wurde folgendes festgestellt:

Im April oder Mai 1942 sagte der Angeklagte während der Ar= beit an der Bahnstrecke bei Spitz zu seinem damaligen Arbeits= kameraden, dem Zeugen G ö l s , auf dessen Bemerkung, dass er sich die Nachrichten auf einem Volksempfänger anhöre :" So einen Dreck brauche ich nicht; denn die Auslandssender darf man nicht hören und auf unsere Nachrichten und Flunkereien bin ich nicht neugierig."

Am 11. Juni 1942 äusserte der Angeklagte auf der Fahrt von Dürnstein nach Spitz auf der Plattform eines Eisenbahnwagens in Gegenwart des Zeugen G ö l s , des Bahnschutzmannes A t z = m ü l l e r und mehrerer anderer, dem Zeugen G ö l s nicht bekannten Personen während eines schweren Unwetters :
" So ist es recht, alles soll es zusammenhauen, das alles hin ist. Dann ist der Krieg bald aus !"

Um dieselbe Zeit sagte der Angeklagte während der Arbeit auf der Bahnstrecke Dürnstein - Weissenkirchen in Gegenwart eines Arbeitskameraden, des Zeugen M a y e r :
"Lieber einen Kaiser von Herrgottsgnaden, als einen Narren von Berchtesgaden !"

Der Angeklagte bestreitet, diese Äusserungen gemacht zu haben. Er bringt vor, er habe zu Hause keinen Stromanschluss und könne schon aus diesem Grunde keinen Rundfunk abhören und darüber schimpfen. Bei dem Unwetter habe er gesagt, es wäre schade, wenn alles zusammengehauen würde, denn die Leute warteten schon auf die Ernte. Auch die Äusserung über den Führer habe er nicht gemacht. Sie sei ihm auch nicht möglich, da er seinen Sohn freiwillig zum Wehrdienst habe einrücken lassen. Wohl habe er gelegentlich über die Wirtschaftsverhältnisse geklagt und geäussert, dass er es früher leichter gehabt habe.

Der Angeklagte erscheint jedoch durch die bestimmten und glaubhaften eidlichen Aussagen der Zeugen G ö l s und M a y e r überführt, die den Angeklagten ausserdem als einen gegnerisch eingestellten Nörgler, Meckerer und Hetzer geschildert haben. Der Angeklagte selbst hat übrigens auf Vorhalt dieser Aussagen schliesslich erklärt, dass er sich möglicherweise derart geäussert habe, sich daran aber nicht mehr erinnern könne.

Dem Angeklagten wird weiterhin zur Last gelegt, einmal die Bemerkung gemacht zu haben:

"Wenn wir den Krieg gegen Russland verlieren täten, dann nehme ich mir auch einige Stunden Zeit, denn da hätte ich auch was zu reden. Ich habe jetzt so nichts mehr zu essen und verdienen tue ich auch zu wenig."

Jedoch war dem Angeklagten diese Äusserung nicht nachzuweisen.

Er selbst behauptet, einmal gesagt zu haben:

"Wenn wir den Krieg gegen Russland verlieren sollten, dann möchte auch ich einige Stunden hingehen und es ihnen hinhauen, damit sie uns nicht die Kirchen zerstören."

Dagegen bekundet der Zeuge G ö l s, der Reichsbahnhelfer W a g n e r habe ihm einmal beim Jausnen auf der Strecke erzählt, dass der Angeklagte sich in der ihm zur Last gelegten Art geäussert habe. Der Zeuge W a g n e r hat hierzu jedoch ausgesagt, dass dies nicht zutreffe, er sich jedenfalls daran nicht erinnere. Wenn es auch angesichts der Einstellung des Angeklagten wenig wahrscheinlich ist, dass der Angeklagte die hier fragliche Äusserung in der von ihm vorgebrachten Form gemacht hat, vielmehr ihm die vom Zeugen G ö l s angegebene Bemerkung durchaus zuzutrauen ist, so fehlt es doch an einem sicheren Nachweis dafür, dass die vom Zeugen G ö l s bekundete Äusserung tatsächlich vom Angeklagten stammt, da der Zeuge G ö l s dies nicht unmittelbar gehört hat und der Zeuge W a g n e r möglicherweise seinerzeit dem Zeugen G ö l s gegenüber etwas Unrichtiges erzählt hat.

III./ Rechtliche Würdigung.

Das Vorgehen des Angeklagten erfüllt den Tatbestand eines Vergehens nach § 2 Heimtückegesetzes. Der Angeklagte hat auf der Plattform eines Eisenbahnwagens während der Fahrt in Gegenwart mehrerer Personen in unsachlicher Weise gegen den Krieg Stellung genommen. Er hat ferner während der Arbeit an der Bahnstrecke in Gegenwart des

Zeugen G ö l s die deutschen Rundfunknachrichten als " Flunkereien" abgetan, sowie in Gegenwart des Zeugen M a y e r den Führer als " Narren von Berchtesgaden " bezeichnet, wobei er angesichts des Fehlens engerer Beziehungen zu den Zeugen G ö l s und M a y e r gewärtigen musste, dass diese seine Äusserungen weitergeben würden. Er hat somit hetzerische Äusserungen über die Kriegspolitik des Führers und über den von der Reichsregierung gelenkten deutschen Nachrichtendienst sowie über die Person des Führers, also über leitende Persönlichkeiten des Staates und der NSDAP. bezw. über ihre Anordnungen und die von ihnen geschaffenen Einrichtungen gemacht, die ihrem Inhalte nach geeignet sind, das Vertrauen des Volkes zur politischen Führung zu untergraben. Die ersterwähnte Äusserung des Angeklagten war öffentlich. Die beiden anderen Äusserungen des Angeklagten erfolgten zwar nichtöffentlich; jedoch musste der Angeklagte hierbei damit rechnen, dass sie in die Öffentlichkeit dringen würden.

Der Angeklagte handelte angesichts seiner gegnerischen Einstellung auch böswillig.

Die Strafverfolgung ist mit Erlass des Reichsministers der Justiz vom 6.5.1943 angeordnet worden.

IV./ Strafzumessung.

Bei der Strafzumessung war m i l d e r n d die Unbescholtenheit, die Weltkriegsdienstleistung und die Sorgepflicht des Angeklagten zu berücksichtigen. E r s c h w e r e n d fiel dagegen die Wiederholung, die gemeine Beleidigung des Führers und die ablehnende Gesamthaltung des Angeklagten ins Gewicht. Hiernach erschien eine Gefängnisstrafe von 1 Jahr und 6 Monaten angemessen.

Die Anrechnung der Vorhaft beruht auf § 266 a öStG. in Verbindung mit Artikel I § 1 der Strafenanpassungsverordnung.

Die Kostenentscheidung stützt sich auf § 465 RStPO.

Vorsitzer :	Beisitzer :	Berichterstatter :
Ewald	Dr. Freudenberger	Weingarten

B e g l a u b i g t !
Der Urkundsbeamte der Geschäftsstelle :

Justizinspektor

3. *Urteil in der Strafsache gegen Ottilie Franzl vom 8. Februar 1944*

Rechtskräftig!
Wien,am 8.Feber 1944.
Der Urkundsbeamte der
Geschäftsstelle:
Just.Insp.Negerle
Sondergericht beim
Landgericht Wien
3.Kammer
9.SKMs 2/44(93)

Wien,am 8. Feber 1944.

Staatsanwaltschaft ... Wien
Eingel. 1 2.FEB.1944 ...
... fach mit ...
...

Im Namen des Deutschen Volkes !

In der Strafsachen gegen

Ottilie F r a n z l , geborene Dickinger, geboren am 6.Dezember 1919 in Felixdorf, ND., vh.,DRA., Kanzleikraft, zuletzt in Felixdorf, Kirchhofstraße Nr.3 wohnhaft gewesen, derzeit in Haft

w e g e n

Vergehens gegen § 2 Abs.II Heimtückegesetz hat die 3.Kammer des Sondergerichtes beim Landgericht Wien in der Sitzung am 8.Feber 1944, an welcher teilgenommen haben

als Richter:
LGR.Dr. Gassner
als Vorsitzer,
AGR.Dr. Urbanek
als Berichterstatter,
AGR. Dr. Günther
als Beamter der Staatsanwaltschaft,
J.Ang. Weigert
als Urkundsbeamtin der Geschäftsstelle:

nach durchgeführter Hauptverhandlung für Recht erkannt:

Die Angeklagte Ottilie F r a n z l wird wegen einer heimtückischen Äußerung über den Führer kostenpflichtig zu

1 (e i n e m) J a h r G e f ä n g n i s

verurteilt.

Auf die Strafe wird die Vorhaft vom 28.9.1943, 18 Uhr bis 8.2.1944,11 Uhr angerechnet.

G r ü n d e :

I.

Persönliche Verhältnisse der Angeklagten.

Die jetzt 24 Jahre alte Angeklagte ist in Felixdorf,Kreis Wiener-Neustadt,N.D. als außereheliche Tochter der Hermine Dickinger geboren. Ihren Vater hat sie nie gekannt. Sie wurde von der Mutter erzogen, die später den Josef H o d y heiratete. Die Angeklagte besuchte in Felixdorf die Volks-und Hauptschule und machte dann Kurse für Maschinschreiben und Stenographie. Im Jahre 1938 kam sie als Kanzleikraft zur Maschinenfirma Schmiedbauer in Wildon. Seit dem Jahre 1939 ist sie bei den Tritolwerken in Theresienfeld als Stenotypistin beschäftigt. Im Jänner 1943 heiratete sie den Sportlehrer Willibald Franzl. Der Ehe entstammt ein jetzt zwei Jahre altes Kind. Der Gatte der Angeklagten ist eingerückt und derzeit an der Ostfront.

Die Angeklagte verdient selbst RM 230.- monatlich und bezieht außerdem eine Familienunterstützung von 180.-RM monatlich. Sie hat für ihr Kind zu sorgen. Die Angeklagte war während ihrer Schulzeit einige Jahre hindurch Mitglied der sozialdemokratischen Kinderorganisation „Kinderfreunde". Während der Systemzeit gehörte sie der V.F. als Mitglied an, derzeit ist sie Mitglied der D.A.F. Sie ist bisher gerichtlich unbescholten.

Dies ergibt sich aus den glaubhaften Angaben der Angeklagten. Die Angeklagte machte den Eindruck einer intelligenten Person und verantwortete sich offen.

II.

Festgestellter Sachverhalt.

Der Angeklagten liegt zur Last, daß sie im Februar oder März 1943 in ihrem Betriebe in Gegenwart zweier Gefolgschaftsmitglieder und zwar des Werkschutzleiters B a i e r und der Angestellten Helene B l a h a die Äußerung gemacht habe:

„Lieber ein Kaiser von Gottes Gnaden als einen Massenmörder von Berchtesgaden ." Die Angeklagte hat zugegeben, diese Äußerung getan zu haben, hat aber behauptet, sie habe die Äußerung nur als Witz wiedergegeben und sie vorher irgendwo gehört.

Auf Grund der Aussage der Zeugin Helene B l a h a ergibt sich aber folgender Sachverhalt:

Die Angeklagte saß damals bei ihrer Schreibmaschine, drehte sich plötzlich um und machte ganz unvermittelt die erwähnte Äußerung, ohne daß vorher ein politisches Gespräch stattgefunden hätte. Sie sagte nichts von einem Witz, sondern gab sofort ohne Einleitung diese Äußerung wieder. Als die Zeugin ihr deswegen Vorwürfe machte und der Zeuge Bayer meinte, daß solche Äußerungen mit dem Tode bestraft werden,sagte die Angeklagte kleinlaut, sie habe die Äußerung auch nur gehört. Sonst hat sie in Gegenwart der Zeugin staatsfeindliche Äußerungen nicht gemacht.

Der Zeuge Friedrich Bayer hat sehr zurückhaltend ausgesagt. Bei seiner ersten Einvernahme bei der Polizei hat er zuerst behauptet, sich an eine solche Äußerung nicht erinnern zu können. Erst später erinnerte er sich dunkel an die Äußerung. Bei der Hauptverhandlung sagte er, daß er sich jetzt allerdings ungenau daran erinnere, daß die Angeklagte die Äußerung gemacht habe. Er habe sie allerdings nicht klar verstanden. Er gab hingegen zu, die Angeklagte darauf aufmerksam gemacht zu haben, daß es sich um eine staatsfeindliche Äußerung handelt. Der Zeuge hat mit der Angeklagten einigemale politische Debatten gehabt. Einmal deshalb, weil die Angeklagte behauptete, die Opfer von Stalingrad seien nicht notwendig gewesen. Ein anderes Mal weil die Angeklagte anläßlich der Einrückung eines älteren Gefolgschaftsmitgliedes dem Zeugen vorwarf, daß er noch nicht eingerückt sei. Dieser Zeuge sagte aber so zurückhaltend aus, daß aus seiner Aussage kein bestimmter Schluß auf die Einstellung der Angeklagten gezogen werden kann. Aus dem Geständnis der Angeklagten und der Aussage der Zeugin Helene Blaha ergibt sich aber eindeutig, daß die Angeklagte, die ihr vorgeworfene Äußerung getan hat. Von einem Witz kann ja hier überhaupt nicht die Rede sein, da die Äußerung in keiner Weise witzig ist, sondern nur eine gemeine Beschimpfung des Führers beinhaltet.

III.

Rechtliche Beurteilung.

Die Angeklagte hat dadurch, daß sie den Führer als Massenmörder bezeichnete ,die Person des Führers in besonders gehässiger und gemeiner Weise beschimpft, und außerdem zum Ausdruck gebracht, daß sie den Sturz des Führers und die Errichtung einer Monarchie für wünschenswert halte. Es handelt sich daher um eine gehässige und heimtückische Äußerung im Sinne des § 2 Abs.1 des Heimtückegesetzes. Die Äußerung ist zwar nicht öffentlich gefallen, jedoch mußte die Angeklagte damit rechnen, daß sie in die Öffentlichkeit dringen werde. Sie hat die Äußerung zu zwei Berufskameraden gemacht, mit denen sie vorher niemals ähnliche Gespräche geführt hatte. Sie konnte daher nicht rechnen, daß die beiden Zeugen diese Äußerung als vertraulich behandeln werden, zumal der eine von ihnen als Werkschutzleiter geradezu verpflichtet gewesen wäre, einem solchen staatsfeindlichen Verhalten durch eine Weitermeldung entgegenzutreten. Es waren daher die Voraussetzungen des § 2 Abs.2 des Heimtückegesetzes gegeben.

Der Reichsminister der Justiz hat mit Erlaß vom 23.12. 1943 Zahl IV b 19 - 5978/43 die Strafverfolgung aus § 2 des Heimtückegesetzes angeordnet. Die Angeklagte war daher wegen des Vorgehens nach § 2 Abs. 2 des Heimtückegesetzes schuldig zu sprechen.

IV.

Strafzumessung.

Die Strafe war dem § 2 Abs.1 des Heimtückegesetzes zu entnehmen. Bei der Strafbemessung war m i l d e r n d die Unbescholtenheit und das Geständnis e r s c h w e r e n d die besonders Schwere der Äußerung. Da es sich hiebei um eine ganz besonders gemeine Beschimpfung des Führers verbunden mit einer staatsfeindlichen Äußerung handelte, wäre eine besonders strenge Bestrafung am Platze gewesen. Nur mit Rücksicht darauf, daß die Angeklagte, die noch verhältnismäßig jung ist, sich der vollen Tragweite der Äußerung nicht bewußt gewesen sein dürfte und mit Rücksicht darauf, daß ihr Gatte an der Ostfront steht und sie sich sonst wohlverhalten hat und eine tüchtige Arbeitskraft war, wurde eine Gefängnisstrafe von

e i n e m J a h r e

noch für hinreichend erachtet.

Die Einrechnung der Vorhaft erfolgte nach § 266 a österr.StG in Verbindung mit Art.I § 1 der Strafenanpassungsverordnung, die Kostenentscheidung gründet sich auf § 465 RStPO.

Vorsitzer: Dr.Gassner

Berichterstatter: Dr.Urbanek

Beglaubigt !
Der Urkundsbeamte der Geschäftsstelle

Justizinspektor

33.

Verordnung über außerordentliche Rundfunkmaßnahmen

vom 1. September 1939

(Reichsgesetzbl. I S. 1683; 1940 I S. 493)

Im modernen Krieg kämpft der Gegner nicht nur mit militärischen Waffen, sondern auch mit Mitteln, die das Volk seelisch beeinflussen und zermürben sollen. Eines dieser Mittel ist der Rundfunk. Jedes Wort, das der Gegner herübersendet, ist selbstverständlich verlogen und dazu bestimmt, dem deutschen Volke Schaden zuzufügen. Die Reichsregierung weiß, daß das deutsche Volk diese Gefahr kennt, und erwartet daher, daß jeder Deutsche aus Verantwortungsbewußtsein heraus es zur Anstandspflicht erhebt, grundsätzlich das Abhören ausländischer Sender zu unterlassen. Für diejenigen Volksgenossen, denen dieses Verantwortungsbewußtsein fehlt, hat der Ministerrat für die Reichsverteidigung die nachfolgende Verordnung erlassen.

Der Ministerrat für die Reichsverteidigung verordnet für das Gebiet des Großdeutschen Reichs mit Gesetzeskraft:

§ 1.

Das absichtliche Abhören ausländischer Sender ist verboten. Zuwiderhandlungen werden mit Zuchthaus bestraft. In leichteren Fällen kann auf Gefängnis erkannt werden. Die benutzten Empfangsanlagen werden eingezogen.

§ 2.

Wer Nachrichten ausländischer Sender, die geeignet sind, die Widerstandskraft des deutschen Volkes zu gefährden, vorsätzlich verbreitet, wird mit Zuchthaus, in besonders schweren Fällen mit dem Tode bestraft.

§ 3.

Die Bestimmungen dieser Verordnung gelten nicht für Handlungen, die in Ausübung des Dienstes vorgenommen werden.

§ 4

außer Kraft getreten.

§ 5.

Die Strafverfolgung auf Grund von §§ 1 und 2 findet nur auf Antrag der Staatspolizeistellen statt.

§ 6.

Der Reichsminister für Volksaufklärung und Propaganda erläßt die zur Durchführung dieser Verordnung erforderlichen Rechts- und Verwaltungsvorschriften, und zwar, soweit es sich um Strafvorschriften handelt, im Einvernehmen mit dem Reichsminister der Justiz.

Vgl. die VO. vom 11. September 1939 (Reichsgesetzbl. I S. 1746), 2. DVO. vom 2. Juli 1940 (Reichsgesetzbl. I S. 912), 3. DVO. vom 20. September 1940 (Reichsgesetzbl. I S. 1255).

§ 7.

Die Verordnung tritt mit ihrer Verkündung in Kraft.

5. Urteil in der Strafsache gegen Walter Süssenbeck vom 27. März 1944

Rechtskräftig!
Wien, am 27. März 1944
Der Urkundsbeamte der Geschäftsstelle:
Just. Insp. Negerle
Sondergericht beim Landgericht Wien
1. Kammer
G.Zl. 7 SKLs 22/44 (275)

Wien, am 27. März 1944.

Wien

Im Namen des Deutschen Volkes!

S t r a f s a c h e

g e g e n

den katholischen Priester Walter S ü s s e n b e c k aus Wien X., Keplerplatz 6, geb. am 24. März 1898 in Wien, ledig, nicht vorbestraft, derzeit in Haft in der Untersuchungshaftanstalt Wien I,

w e g e n

Verbrechens nach §§ 1 und 2 der Verordnung über außerordentliche Rundfunkmaßnahmen.

Das Sondergericht Wien hat in der Sitzung vom 27. März 1944, an welcher teilgenommen haben:

Amtsgerichtsrat Dr. Paltauf
als Einzelrichter,
Staatsanwalt Dr. Willeke
als Beamter der Staatsanwaltschaft,
Justizangestellte Margarete Rudolf
als Urkundsbeamtin der Geschäftsstelle,

für Recht erkannt:

I. Der Angeklagte wird wegen absichtlichen Abhörens des Londoner Senders und wegen Verbreitens von Nachrichten dieses Senders zu

d r e i (3) J a h r e n Z u c h t h a u s

verurteilt.

II. Die Vorhaft vom 15. Februar 1944, 14 Uhr, bis 27 März 1944, 10 Uhr 15, wird auf die Strafe angerechnet.

III. Die sichergestellte Empfangsanlage, insbesonders der Apparat Marke „Minerva", wird eingezogen.

IV. Die Kosten des Verfahrens fallen dem Angeklagten zur Last.

G r ü n d e :

I./ <u>Persönliche Verhältnisse des Angeklagten:</u>

Der Angeklagte wurde am 24. März 1898 in Wien als das zweite von vier ehelichen Kindern des Josef S ü s s e n b e c k und der Josefine, geborene Pinagl, geboren. Seine Jugendjahre verbrachte er teils in Jamnitz, teils in Iglau, wo sein Vater als Kanzleidirektor tätig war. Er besuchte in Iglau die Volks- und Mittelschule und studierte anschließend auf der Wiener-Universität Theologie. Im Jahre 1925 wendete er sich der Seelsorge zu. Am 19. Juli 1925 empfing er in Wien die Priesterweihe.

Im Jahre 1917 rückte der Angeklagte als Einjährig-Freiwilliger zum Inf.Reg. No.81 in Iglau ein. Er kam als Zugsführer an die italienische Front und wurde dort verwundet. Kriegsauszeichnungen besitzt er keine.

Als Priester war er zuerst in verschiedenen Provinzpfarren tätig und kam im Jahre 1930 für ständig nach Wien, wo er in der Pfarrkirche St.Johann Evangelist in Wien X. die Seelsorge ausübte.

Vom 10.April 1940 bis 10.5.1941 diente er als Kriegspfarrer bei der Division 217.

Der Angeklagte ist gerichtlich bisher unbescholten.-

Diese Feststellungen gründen sich auf die Einlassung des Angeklagten und auf die amtliche Strafnachricht,-

II. Festgestellter Sachverhalt und Beweiswürdigung:

Der Angeklagte besaß seit dem Jahre 1937 einen Radio - apparat mit drei Wellenbereiche, Marke „Minerva".

Mit diesem Apparate hörte der Angeklagte seit Beginn des Jahres 1942 bis August 1942 insgesamt mindestens 10 mal die deutsprachigen Nachrichten des Londoner -Senders. Beim Abhören dieser Sendungen war mindestens drei mal sein Jugendfreund Alois S o p p e r darunter einmal auch dessen Lebensgefährtin Stojka anwesend. Nach Anhören der Sendungen besprach der Angeklagte mit Sopper dieselben und teilte ihm überdies jene Stellen, die Sopper wegen schlechten Empfanges persönlich nicht genau verstanden hatte, mit.

Sopper und Stojka wurden im Sommer 1942 wegen Vorbereitung zum Hochverrate verhaftet und am 20.Mai 1943 vom Volksgerichtshof zu je 7 Jahren Zuchthaus verurteilt.

Dieser Sachverhalt gründet sich auf die glaubwürdigen Aussagen des Zeugen Alois Sopper und den bezüglichen Einlassungen des Angeklagten.

Der Angeklagte änderte seine Verantwortung im Zuge des Verfahrens mehrmals. Bei seiner ersten Einvernahme vor der Geheimen Staatspolizei am 15.Feber 1944 erklärte er sich nicht erinnern zu können, jemals mit seinem Radioapparate allein oder in Gesellschaft des Sopper einen ausländischen Sender oder gar den Londoner-Sender gehört zu haben. Nach der Gegenüberstellung mit Sopper änderte er seine Verantwortung insoferne, daß er zugab allein mindestens 10 mal die deutschsprachigen Nachrichten des Feindsenders London gehört zu haben. Er gab auch die Möglichkeit zu, daß hiebei einmal Sopper zufällig anwesend gewesen sein kann. Bestimmt habe er aber mit Sopper darüber nie gesprochen. In der Hauptverhandlung gestand der Angeklagte nach anfänglichem Leugnen mindestens 10 mal die deutschsprachigen Nachrichten des Londoner-Senders gehört zu haben, blieb jedoch auch nach Vorhalt der Aussagen des Zeugen Sopper, der eindeutig den Sachverhalt so darstellte, wie er festgestellt worden ist, dabei sich nicht erinnern zu können, daß Sopper auch nur einmal die Sendungen mit angehört habe, oder, daß er mit diesem Zeugen die Nachrichten besprochen habe, doch habe er keinen Grund den Angaben des Zeugen zu widersprechen.-

Das Gericht hatte daher keinerlei Bedenken, den Angaben des Zeugen vollen Glauben zu schenken.-

III. Rechtliche Würdigung und Strafzumessung :

Der Angeklagte hat absichtlich einen ausländischen Sender, dazu noch den Feindsender London, oftmals gehört. Dieser Sender dient den Feindmächten als Kampfmittel gegen das Deutsche-Volk. Durch tägliche, regelmäßige Hetzsendungen und erlogenen Nachrichten in deutscher Sprache, trachtet der Feind die innere Front unseres Volkes zu erschüttern und zu zermürben. Diese Umstände waren dem Angeklagten nach seiner eigenen Verantwortung wohl bekannt. Dennoch hatte er im Verlaufe von einem halben Jahre mindestens 10 mal die Sendungen abgehört. Hiedurch hat er das Verbrechen nach § 1 der Verordnung über außerordentliche Rundfunkmaßnahmen vom 1.September 1939, RGBl I,S. 1683 begangen.

Ein leichter Fall konnte deshalb nicht angenommen werden, weil der Angeklagte die Abhörung oftmals und durch längere Zeit hindurch vornahm.

Der Angeklagte hat sich weiters aber auch des Verbrechens nach § 2 der obigen Verordnung schuldig gemacht und zwar, weil er seinen Empfangsapparat einer anderen Person, nämlich dem Sopper zur Verfügung stellte, beziehungsweise gemeinsam mit ihm die Feindsendungen abhörte, über diese Sendungen mit ihm sprach und ihm jene Teile, die Sopper nicht vernehmen konnte, noch erzählte.

Die Geheime Staatspolizei hat mit Antrag vom 8.März 1944 die Strafverfolgung gemäß § 5 der Rundfunkverordnung gestellt. Der Angeklagte war daher schuldig zu sprechen.

Beiider Zumessung der Strafe war mildernd die bisherige Unbescholtenheit und das teilweise Geständnis, erschwerend hingegen die mehrfache Wiederholung der strafbaren Handlungen und das Zusammentreffen zweier Verbrechen.

Nach dem Berichte der Geheimen Staatspolizei ist der Angeklagte bisher politisch nicht hervorgetreten. Die Verantwortung des Angeklagten die Feinsendungen nur aus Neugierde abgehört zu haben, erscheint daher glaubwürdig.- Unter Würdigung aller dieser Umstände erschien die über den Angeklagten verhängte Zuchthausstrafe angemessen und hinreichend.

Die Einrechnung der Vor-und Untersuchungshaft erfolgte auf Grund des § 55a österr.StG.,in Verbindung mit Art.I § 1 der Strafanpassungsverordnung.

Die Einziehung des Rundfunkgerätes hatte gemäß § 1 der außerordentlichen Rundfunkverordnung zu erfolgen.-

Die Kostenentscheidung gründet sich auf § 465 RSTPO.

Der Einzelrichter:
Dr. Paltauf

Beglaubigt!
Der Urkundsbeamte der Geschäftsstelle:
[signature]
Justizinspektor

6. *Urteil in der Strafsache gegen Ludwig Rumpelecker vom 8. Juni 1944*

Rechtskräftig!
Wien, den 8. Juni 1944.
Der Urkundsbeamte der
Geschäftsstelle:

Justizangestellte.
Oberlandesgericht Wien
8 OJs 14o/44

Urteil!

Im Namen des Deutschen Volkes !

In der Strafsache gegen
Ludwig R u m p e l e c k e r, geboren am 21. 8. 188o in Ulmerfeld (Kreis Amstetten), rk., verh., DRA., Elektrotechnikergehilfen, zuletzt Wien X., Davidgasse 62 wohnhaft gewesen, derzeit in Untersuchungshaft,
wegen Verbrechen gegen § 5 Abs. 1 Z. 1 KSSVO. und gegen §§ 1 und 2 der VO. über a.o.Rundfunkmassnahmen
hat der 8. Senat des Oberlandesgerichtes Wien in der Sitzung vom 8. Juni 1944, an welcher teilgenommen haben
als Richter:
Senatspräsident Russegger, Vorsitzender,
Oberlandesgerichtsrat Dr. Koloseus,
Landgerichtsrat Dr. von Bergmann,
als Beamter der Staatsanwaltschaft beim Oberlandesgericht Wien:
Erster Staatsanwalt Dr. Meyer,
als Urkundsbeamter der Geschäftsstelle:
Justizangestellte Rohr,
nach durchgeführter Hauptverhandlung für Recht erkannt:

Der Angeklagte Ludwig R u m p e l e c k e r hat in Wien und Niederdonau seit Herbst 1941 bis anfangs August 1943 fortgesetzt absichtlich Auslandsender abgehört und die von ihnen gebrachten zersetzenden Nachrichten weiterverbreitet, weiters am 5. 8. 1943 öffentlich durch defaitistische Äusserungen den Willen des Deutschen Volkes zur wehrhaften Selbstbehauptung zu zersetzen gesucht. Er wird deshalb zum Tode und lebenslangem Ehrverlust sowie zum Ersatz der Verfahrenskosten verurteilt.

Die bei dem Angeklagten sichergestellten beiden Rundfunkgeräte werden eingezogen.

Gründe:

I.

Der über 63 Jahre alte Angeklagte hat Volks- und Bürgerschule besucht und hat das Elektrikerhandwerk erlernt. Von 19oo bis 19o4 hat er in der österreichischen Armee gedient. Im Jahre 191o verehelichte er sich, doch lebt er seit 1913 von seiner Frau getrennt; er hat aber nun eine Lebensgefährtin.

Im ersten Weltkrieg war er kurze Zeit eingerückt; er behauptete, als Korporal an der russischen Front gestanden zu sein und eine Tapferkeitsauszeichnung erworben zu haben. Als ihm aus einem gegen ihn ergangenen Strafurteile vorgehalten wurde, dass er überhaupt nicht an der Front eingesetzt gewesen, sondern nach Ankunft im Kriegsgebiet alsbald wieder krank in das Hinterland abgegangen sei, daher auch keine Tapferkeitsauszeichnung erhalten haben könne, gab er an, dass er die Verleihungsurkunde über die Tapferkeitsauszeichnung verloren habe. Seine Behauptungen sind offensichtlich unrichtig; aus was seine Beförderung zum Korporal angeht - weil der Angeklagte bis zum Beginn des Weltkrieges in Österreich und Deutschland allein schon 14 Vorstra-

V.

Mit Rücksicht auf die Gefliessentlichkeit, mit der der Angeklagte fortgesetzt durch lange Zeit Feindnachrichten abhörte und verbreitete, sowie die besondere Gefährlichkeit seiner wehrkraftzersetzenden Reden an der deutsch- tschechischen Sprachgrenze und mit Rücksicht auf die verbrecherische gemeinschaftsfeindliche Gesamtlebensführung des Angeklagten liegt nicht nur ein sehr schwerer Fall nach § 5 Abs. 1 Z. 1 KSSVO. vor, sondern auch ein besonders schwerer Fall nach § 2 der Rundfunkverordnung.

Der Angeklagte war daher mit dem Tode zu bestrafen.

Die Aberkennung der bürgerlichen Ehrenrechte auf Lebensdauer erfolgte gemäss § 32 RStGB.

Die beiden bei dem Angeklagten vorgefundenen Empfangsgeräte waren gemäss § 1 Rundfunkverordnung einzuziehen.

Die Kostenentscheidung folgt aus § 465 RStPO.

Russegger.
Dr.Koloseus. Dr.v.Bergmann.

Beglaubigt:
Wien, am 15. Juni 1944.

Der Urkundsbeamte
der Geschäftsstelle:

Justizangestellte.

7. Richterbriefe, Mitteilungen des Reichsministers für Justiz, Nr. 3, 1942

Verweigerung des Deutschen Grußes durch ein Schulkind

Beschluß eines Vormundschaftsgerichtes vom 21. IX. 1940

Ein elfjähriges Mädchen fällt in der Schule dadurch auf, daß es fortgesetzt den Deutschen Gruß verweigert. Es begründet dies mit seiner religiösen Überzeugung und führt dazu selbst einige Stellen aus der Bibel an. Bei Fragen, die den Führer betreffen, zeigt es sich in der Schule völlig uninteressiert.

Die Eltern, die außerdem noch eine sechsjährige Tochter haben, billigen dieses Verhalten des Kindes und lehnen es hartnäckig ab, auf das Kind im gegenteiligen Sinne einzuwirken. Auch sie verweigern den Deutschen Gruß mit dem Hinweis auf die Bibelstelle „Tue nichts mit erhobener Hand, denn dies mißfällt dem Herrn". Daran halten sie trotz Belehrung durch das Gericht und den Leiter der Schule fest. ... Auch sonst zeigen sich die Eltern als Gegner des nationalsozialistischen Staates. Sie besitzen keine Hakenkreuzfahne. Sie haben ihr Kind nicht zur HJ. angemeldet. ... Dennoch bestreiten sie, Gegner der Bewegung zu sein.

Das Jugendamt hat beantragt, den Eltern wegen dieses Verhaltens das Sorgerecht für ihre beiden Kinder zu entziehen.

Das Vormundschaftsgericht hat dies abgelehnt und hat lediglich die Schutzaufsicht angeordnet.

In der Begründung ... heißt es wörtlich: „Die Eltern sind für ihre Person hinsichtlich ihrer Einstellung nur insoweit verantwortlich, als sie gegen diesbezügliche Strafgesetze verstoßen." ... Da das Kind sonst gut erzogen sei und die Eltern nach ihrem persönlichen Eindruck „charakterlich durchaus zuverlässige Menschen" seien, sei anzunehmen, daß sie der Schule in Zukunft bei der Erziehung keine Schwierigkeiten machen werden.

Das Beschwerdegericht hat den Beschluß des Vormundschaftsgerichts aufgehoben und den Eltern das Sorgerecht über beide Kinder entzogen, weil sie zur Erziehung der Kinder nicht geeignet sind.

8. *Strafgesetzbuch für das Deutsche Reich, Seite 193 ff.*

3.

vom 7. Februar 1933

(Reichsgesetzbl. I S. 54)

Als leitende Beamte im Sinne des § 2 Nr. 2, § 9 Abs. 1 Nr. 5 der Verordnung des Reichspräsidenten zum Schutze des deutschen Volkes werden ferner die als Kommissare des Reichs mit der Führung der Preußischen Ministerien betrauten Personen bestimmt.

13.

Verordnung des Reichspräsidenten zum Schutze von Volk und Staat

vom 28. Februar 1933

(Reichsgesetzbl. 1933 I S. 83; 1935 I S. 839)

Auf Grund des Artikels 48 Abs. 2 der Reichsverfassung wird zur Abwehr kommunistischer staatsgefährdender Gewaltakte folgendes verordnet:

§ 1.

Die Artikel 114, 115, 117, 118, 123, 124 und 153 der Verfassung des Deutschen Reichs werden bis auf weiteres außer Kraft gesetzt. Es sind daher Beschränkungen der persönlichen Freiheit, des Rechts der freien Meinungsäußerung, einschließlich der Pressefreiheit, des Vereins- und Versammlungsrechts, Eingriffe in das Brief-, Post-, Telegraphen- und Fernsprechgeheimnis, Anordnungen von Haussuchungen und von Beschlagnahmen sowie Beschränkungen des Eigentums auch außerhalb der sonst hierfür bestimmten gesetzlichen Grenzen zulässig.

§ 2.

Werden in einem Lande die zur Wiederherstellung der öffentlichen Sicherheit und Ordnung nötigen Maßnahmen nicht getroffen, so kann die Reichsregierung insoweit die

Befugnisse der obersten Landesbehörde vorübergehend wahrnehmen.

§ 3.

Die Behörden der Länder und Gemeinden (Gemeindeverbände) haben den auf Grund des § 2 erlassenen Anordnungen der Reichsregierung im Rahmen ihrer Zuständigkeit Folge zu leisten.

§ 4.

Wer den von den obersten Landesbehörden oder den ihnen nachgeordneten Behörden zur Durchführung dieser Verordnung erlassenen Anordnungen oder den von der Reichsregierung gemäß § 2 erlassenen Anordnungen zuwiderhandelt oder wer zu solcher Zuwiderhandlung auffordert oder anreizt, wird, soweit nicht die Tat nach anderen Vorschriften mit einer schwereren Strafe bedroht ist, mit Gefängnis nicht unter einem Monat oder mit Geldstrafe von 150 bis zu 15000 Reichsmark bestraft.

Wer durch Zuwiderhandlung nach Abs. 1 eine gemeine Gefahr für Menschenleben herbeiführt, wird mit Zuchthaus, bei mildernden Umständen mit Gefängnis nicht unter sechs Monaten und, wenn die Zuwiderhandlung den Tod eines Menschen verursacht, mit dem Tode, bei mildernden Umständen mit Zuchthaus nicht unter zwei Jahren bestraft. Daneben kann auf Vermögenseinziehung erkannt werden.

Wer zu einer gemeingefährlichen Zuwiderhandlung (Abs. 2) auffordert oder anreizt, wird mit Zuchthaus, bei mildernden Umständen mit Gefängnis nicht unter drei Monaten bestraft.

§ 5.

Mit dem Tode oder, soweit nicht bisher eine schwerere Strafe angedroht ist, mit lebenslangem Zuchthaus oder mit Zuchthaus bis zu 15 Jahren wird bestraft:

1. Wer es unternimmt, den Reichspräsidenten oder ein Mitglied oder einen Kommissar der Reichsregierung oder einer Landesregierung zu töten oder wer zu einer solchen Tötung auffordert, sich erbietet, ein solches Erbieten annimmt oder eine solche Tötung mit einem anderen verabredet;

2. wer in den Fällen des § 115 Abs. 2 des Strafgesetzbuchs (schwerer Aufruhr) oder des § 125 Abs. 2 des Strafgesetzbuchs (schwerer Landfriedensbruch) die Tat mit Waffen oder in bewußtem und gewolltem Zusammenwirken mit einem Bewaffneten begeht;
3. wer eine Freiheitsberaubung (§ 239) des Strafgesetzbuchs in der Absicht begeht, sich des der Freiheit Beraubten als Geisel im politischen Kampfe zu bedienen.

§ 6.

Diese Verordnung tritt mit dem Tage der Verkündung in Kraft.

Verkündungstag ist der 28. Februar 1933

14.

Gesetz gegen heimtückische Angriffe auf Staat und Partei und zum Schutz der Parteiuniformen

vom 20. Dezember 1934

(Reichsgesetzbl. I S. 1269)

Wegen der Geltung im Lande Österreich vgl. VO. vom 23. Januar 1939 (Reichsgesetzbl. I S. 80).

Die Reichsregierung hat das folgende Gesetz beschlossen, das hiermit verkündet wird:

Artikel 1

§ 1.

(1) Wer vorsätzlich eine unwahre oder gröblich entstellte Behauptung tatsächlicher Art aufstellt oder verbreitet, die geeignet ist, das Wohl des Reichs oder das Ansehen der Reichsregierung oder das der Nationalsozialistischen Deutschen Arbeiterpartei oder ihrer Gliederungen schwer zu schädigen, wird, soweit nicht in anderen Vorschriften eine schwerere Strafe angedroht ist, mit Gefängnis bis zu zwei Jahren und, wenn er die Behauptung öffentlich aufstellt oder verbreitet, mit Gefängnis nicht unter drei Monaten bestraft.

(2) Wer die Tat grob fahrlässig begeht, wird mit Gefängnis bis zu drei Monaten oder mit Geldstrafe bestraft.

(3) Richtet sich die Tat ausschließlich gegen das Ansehen der NSDAP. oder ihrer Gliederungen, so wird sie nur mit Zustimmung des Stellvertreters des Führers oder der von ihm bestimmten Stelle verfolgt.

§ 2.

(1) Wer öffentlich gehässige, hetzerische oder von niedriger Gesinnung zeugende Äußerungen über leitende Persönlichkeiten des Staates oder der NSDAP., über ihre Anordnungen oder die von ihnen geschaffenen Einrichtungen macht, die geeignet sind, das Vertrauen des Volkes zur politischen Führung zu untergraben, wird mit Gefängnis bestraft.

(2) Den öffentlichen Äußerungen stehen nichtöffentliche böswillige Äußerungen gleich, wenn der Täter damit rechnet oder damit rechnen muß, daß die Äußerung in die Öffentlichkeit dringen werde.

(3) Die Tat wird nur auf Anordnung des Reichsministers der Justiz verfolgt; richtet sich die Tat gegen eine leitende Persönlichkeit der NSDAP., so trifft der Reichsminister der Justiz die Anordnung im Einvernehmen mit dem Stellvertreter des Führers.

(4) Der Reichsminister der Justiz bestimmt im Einvernehmen mit dem Stellvertreter des Führers den Kreis der leitenden Persönlichkeiten im Sinne des Absatzes 1.

§ 3.

(1) Wer bei der Begehung oder Androhung einer strafbaren Handlung eine Uniform oder ein Abzeichen der NSDAP. oder ihrer Gliederungen trägt oder mit sich führt, ohne dazu als Mitglied der NSDAP. oder ihrer Gliederungen berechtigt zu sein, wird mit Zuchthaus, in leichteren Fällen mit Gefängnis nicht unter sechs Monaten bestraft.

(2) Wer die Tat in der Absicht begeht, einen Aufruhr oder in der Bevölkerung Angst oder Schrecken zu erregen,

oder dem Deutschen Reich außenpolitische Schwierigkeiten zu bereiten, wird mit Zuchthaus nicht unter drei Jahren oder mit lebenslangem Zuchthaus bestraft. In besonders schweren Fällen kann auf Todesstrafe erkannt werden.

(3) Nach diesen Vorschriften kann ein Deutscher auch dann verfolgt werden, wenn er die Tat im Ausland begangen hat.

§ 4.

(1) Wer seines Vorteils wegen oder in der Absicht, einen politischen Zweck zu erreichen, sich als Mitglied der NSDAP. oder ihrer Gliederungen ausgibt, ohne es zu sein, wird mit Gefängnis bis zu einem Jahr und mit Geldstrafe oder mit einer dieser Strafen bestraft.

(2) Die Tat wird nur mit Zustimmung des Stellvertreters des Führers oder der von ihm bestimmten Stelle verfolgt.

§ 5.

(1) Wer parteiamtliche Uniformen, Uniformteile, Gewebe, Fahnen oder Abzeichen der NSDAP., ihrer Gliederungen oder der ihr angeschlossenen Verbände ohne Erlaubnis des Reichsschatzmeisters der NSDAP. gewerbsmäßig herstellt, vorrätig hält, feilhält, oder sonst in Verkehr bringt, wird mit Gefängnis bis zu zwei Jahren bestraft. Für welche Uniformteile und Gewebe es der Erlaubnis bedarf, bestimmt der Reichsschatzmeister der NSDAP. im Einvernehmen mit dem Reichswirtschaftsminister durch eine im Reichsgesetzblatt zu veröffentlichende Bekanntmachung.

(2) Wer parteiamtliche Uniformen und Abzeichen im Besitz hat, ohne dazu als Mitglied der NSDAP., ihrer Gliederungen oder der ihr angeschlossenen Verbände oder aus einem anderen Grunde befugt zu sein, wird mit Gefängnis bis zu einem Jahr, und, wenn er diese Gegenstände trägt, mit Gefängnis nicht unter einem Monat bestraft.

(3) Den parteiamtlichen Uniformen, Uniformteilen und Abzeichen stehen solche Uniformen, Uniformteile und Abzeichen gleich, die ihnen zum Verwechseln ähnlich sind.

(4) Neben der Strafe ist auf Einziehung der Uniformen, Uniformteile, Gewebe, Fahnen oder Abzeichen, auf die sich die strafbare Handlung bezieht, zu erkennen. Kann keine bestimmte Person verfolgt oder verurteilt werden, so ist auf Einziehung selbständig zu erkennen, wenn im übrigen die Voraussetzungen hierfür vorliegen.

(5) Die eingezogenen Gegenstände sind dem Reichsschatzmeister der NSDAP. oder der von ihm bestimmten Stelle zur Verwertung zu überweisen.

(6) Die Verfolgung der Tat und die selbständige Einziehung (Abs. 4 Satz 2) findet nur mit Zustimmung des Stellvertreters des Führers oder der von ihm bestimmten Stelle statt.

Vgl. hierzu die Bekanntmachung vom 25. April 1939 (Reichsgesetzbl. I S. 875).

§ 6.

Im Sinne dieser Vorschriften gilt nicht als Mitglied der NSDAP., ihrer Gliederungen oder der ihr angeschlossenen Verbände, wer die Mitgliedschaft erschlichen hat.

§ 7.

Der Stellvertreter des Führers erläßt im Einvernehmen mit den Reichsministern der Justiz und des Innern die zur Ausführung und Ergänzung der §§ 1 bis 6 erforderlichen Vorschriften.

Artikel 2

§ 8.

(1) Die Vorschriften dieses Gesetzes mit Ausnahme des § 5 Abs. 1 gelten sinngemäß für den Reichsluftschutzbund, den Deutschen Luftsportverband, den Freiwilligen Arbeitsdienst und die Technische Nothilfe.

(2) Die zur Ausführung und Ergänzung dieser Bestimmung erforderlichen Vorschriften erläßt der Reichsminister der Justiz, und zwar, soweit es sich um den Reichsluftschutzbund und den Deutschen Luftsportverband handelt, im Einvernehmen mit dem Reichsminister der Luftfahrt, und soweit es sich um den Freiwilligen Arbeitsdienst und die Technische Nothilfe handelt, im Einvernehmen mit dem Reichsminister des Innern.

9. Handakten in der Strafsache gegen Edith Breuer und andere vom 2. März 1939

Handakten

des

Oberreichsanwalts b. Volksgerichtshof

in der Strafsache

gegen: Edith B r e u e r aus Wien
und Andere

wegen: Vorbereitung zum Hochverat.

Bearbeiter: Oberstaatsanwalt Volk.

Staatsanwaltschaft beim Landgericht für Strafsachen Wien I

Wien 64, am 2. März 1939
Landesgerichtsstrasse 11
Fernsprecher A 27-5-60

Hl 13/39

An den

Herrn Oberreichsanwalt beim Volksgerichtshof

B e r l i n W 9

Bellevuestr. 15

Haftsache!

Hochverratssache!

Vertraulich!

Betrifft:

Edith B r e u e r und Andere wegen Verbrechens der Vorbereitung zum Hochverrat.

Anlagen: 1 Heft Akten enthaltend

11 Personalakten, und

2 Berichtsdurchschläge.

Die Strafsache richtet sich gegen:

1) Edith B r e u e r, geboren am 16.6. 1923 in Wien, dorthin zuständig, Reichsdeutsche, röm.kath., ledig, Mittelschü-

BLZ.125 und 141 — 1939 auf Grund des Haftbefehles des Ermittlungsrichters Dr.Paul Reisinger vom 15.2.1939

Das bisherige Ermittlungsverfahren hat Folgendes ergeben:

Im Zuge staatspolizeilicher Erhebungen gegen die Mitglieder der illegalen reaktionären Organisation "Deutscher Bund" bezw."Stahlhelm" in Wien und Salzburg wurden bei dem am 17.4.1919 in Wien geborenen Privatbeamten Kurt J e l i n ek, der sich zu Hl 15/39 der Staatsanwaltschaft beim Landgericht auf Grund eines Haftbefehles des Ermittlungsrichters wegen Verbrechens der Vorbereitung zum Hochverrat in Untersuchungshaft befindet, zwei Schmähgedichte und zwar "Gebet" und "Wer ist des Grusses wert" gefunden.

(Siehe Beilage A und B).

J e l i n e k hat angegeben, dass er diese Gedichte von der Telefonistin Mathilde H a s l a u e r erhalten hat.

Mathilde H a s l a u e r hat zugegeben, dass sie das Schmähgedicht "Wer ist des Grusses wert" selbst verfasst habe. Sie habe dieses Gedicht an Kurt J e l i n e k weitergeben, Die Anregung für eine derartige Tätigkeit habe sie dadurch erhalten, dass sie von der Weissnäherin Jphann a E t t e n a u e r einige Zeit vorher das Schmähgedicht "Gebet" erhalten habe. Sie habe sich auf der Maschine 3-4 Durchschläge dieses Gedichtes hergestellt und davon einen Durchschlag dem technischen Beamten Alfred P e r n e r übergeben.

Alfred P e r n e r hat zugegeben,dass er das Gedicht "Gebet" an die Stenotypistin Marie R e g n e r und an den Beamten Herbert H o f f m a n n weitergegeben habe.

Marie R e g n e r hat in Abrede gestellt jemals dieses Schmähgedicht erhalten zu haben.Es konnte aber festgestellt werden,dass sie sich geäussert hat,dass sie dieses Gedicht am Klosett ihrer Wohnung versteckt habe.Trotzdem dieses Gedicht tatsächlich dort gefunden wurde,bleibt die Marie R e g n e r bei ihrem Leugnen.Sie stellt jede Förderung hochverräterischer Ziele in Abrede.

Herbert H o f f m a n n gibt zu,von Alfred P e r n e r das Gedicht "Gebet" erhalten zu haben.Er behauptet,dass ihm Alfred P e r n e r dieses Gedicht aus dem Gedächtnis diktiert habe.Er habe nicht die Absicht gehabt,dieses Gedicht weiter zu verbreiten,und damit irgendwelche hochverräterischen Tendenzen zu fördern.

Johanna E t t e n a u e r hat nach ihrer eigenen Angabe im Juni 1938 das "Gebet" von der Volksschullehrerin Dr.Aloisia K e l l n e r erhalten.Im Zuge der staatspolizeilichen Erhebungen konnte als Verfasserin des Gedichtes "Gebet" die Schriftstellerin Luise W o t t l e ausgeforscht werden. Von Luise W o t t l e wurde dieses Gedicht an ihre Schwestern Emma W o t t l e und Hedwig W o t t l e weitergegeben.

Hedwig W o t t l e ist geständig,dieses Gedicht an Gustav R o t t e r,Vera S c h w a r z und Irgam S c h o b e l weiterverbreitet zu haben.

Irma S c h o b e l hat das Gedicht durch die Mittelschülerin Edith B r e u e r der Volksschullehrerin Dr. Aloisia K e l l n e r zukommen lassen.

Irma S c h o b e l ist geständig, von Hedwig W o t t l e eine mit Maschinschrift geschriebene Ausfertigung des Gedichtes erhalten und an Edith B r e u e r weitergegeben zu haben.

Sie stellt jede Förderung hochverräterische Bestrebungen in Abrede.

Emma W o t t l e gibt zu, das "Gebet" von ihrer Schwester Luise erhalten zu haben. Sie habe dieses Gedicht an niemanden weitergegeben.

Hedwig W o t t l e gibt zu, ebenfalls eine Ausfertigung des Gedichtes von ihrer Schwester Luise bekommen zu haben. Sie habe dieses Gedicht der Vera S c h w a r z lediglich vorgelesen. In der Folge habe sie dann 5 Abschriften hergestellt, wovon sie eine ihrer Bürokollegin Trude C a r l und eine der Volksschullehrerin Irma S c h o b e l übergeben habe. Eine Ausfertigung habe sie mit der Post an Gustav R o t t e r geschickt.

Luise W o t t l e hat wie bereits erwähnt, das Gedicht "Gebet" verfasst. Sie ist seit Anfang 1937 Mitarbeiterin der von dem Emigranten H a g e n a u e r in Paris herausgegebenen "Agence Telegrafique de la presse " und hat zugegeben, dass sie nach dem Umbruch dieser Agentur drei Aufsätze, betitelt "Der schwarze Sonntag", "Gesinnungsterror " und "Nazi unter sich" anonym übersandt habe. Der Inhalt dieser Aufsätze konnte nicht festgestellt werden. Im übrigen hat die W o t t l e ihre Angaben, dass sie diese Aufsätze verfasst hat, widerrufen.

Bezeichnend für die Gesinnung der Luise W o t t l e ist, dass sie aus der Haft der Geheimen Staatspolizei weitere Artikel an diese Agentur durch ihre Schwester herauszuschmuggeln versuchte.

Wenn auch sämtliche Beschuldigte jede Förderung hochverräterischer Bestrebungen in Abrede stellen, so ergibt sich doch aus dem Inhalt des Gedichtes "Gebet", dass für ein "unabhängiges Österreich" Propaganda gemacht werden sollte. Es ist bei allen in Haft befindlichen Personen anzunehmen, dass sie die Absicht hatten, dieses Gedicht zu verbreiten, da sie sich machten und in einzelnen Fällen tatsächlich diese Aufzeichnungen
ja schriftliche Aufzeichnungen von weitergegeben haben. Sämtliche Personen gehören auch zu den überzeugten Anhängern der verflossenen Systemregierung in Österreich.

Es besteht daher der dringende Verdacht, dass die Beschuldigten sich sowohl in subjektiver als auch in objektiver Beziehung des Verbrechens der Vorbereitung zum Hochverrate nach § 83 St.G. schuldig gemacht haben.

Falls der Tatbestand des Hochverrates nicht gegeben sein sollte, läge auf jeden Fall sowohl in subjektiver als auch in objektiver Beziehung der Tatbestand nach § 300 österr. St.G. vor. Eine Verfolgung mit Erfolg in dieser Richtung dürfte aber Schwierigkeiten bieten, da die gesetzliche Verjährungsfrist 3 Monate beträgt und die erste gerichtliche Verfolgungshandlung in den meisten Fällen erst nach einer mehr als 3 monatlichen Haft bei der Gestapo Wien erfolgt ist.

Gleiche Berichte wurden erstattet:

1) An den Herrn Reichsminister der Justiz
zu Handen des Herrn Min.Büro-Dir.S t a d e r m a n n ,
Berlin W 8,Wilhelmstrasse 65
2) An die Staatsanwaltschaft beim Oberlandesgerichte Wien
zu Handen des Herrn Amtsleiters,Wien I.Justizpalast.

Gez.
Dr.S t i c h

Beglaubigt:
Pinsolitsch
Justizoberaktuar.

10. Verfügungen, Anordnungen, Bekanntgaben. Herausgegeben von der Parteikanzlei. 1. Teil, 1944, Band 6, S. 159

Unterstützung Politischer Leiter durch Polizeikräfte bei Einschreiten gegen Meckerer und Unruhestifter sowie ehrenamtliche Tätigkeit von Parteigenossen in der Sicherheitspolizei

Die Feinde des deutschen Volkes verstärken ihre Bestrebungen, den Widerstandswillen des deutschen Volkes zu erschüttern. Reichsfeindliche Kräfte sind am Werke, um das Vertrauen der Bevölkerung in die Führung zu untergraben. Eine enge kameradschaftliche Zusammenarbeit zwischen den Dienststellen der NSDAP und den Organen der Polizei ist gerade in dieser Zeit eine selbstverständliche Pflicht.

Der Chef der Sicherheitspolizei und des SD. hat bereits durch den abschriftlich anliegenden Runderlaß (IV A 1 - B. Nr. 3080/43) vom 22. 12. 1943 die nachgeordneten Polizeidienststellen angewiesen, die Politischen Leiter beim Einschreiten gegen Meckerer und Unruhestifter mit allen zur Verfügung stehenden Mitteln zu unterstützen. In verschiedenen Teilen des Reiches reichen aber die vorhandenen Kräfte der Sicherheitspolizei nicht aus, um überall hart und schnell zuzufassen. Der Chef der Sicherheitspolizei und des SD. hat deshalb mit meiner Zustimmung den ebenfalls in Abschrift beigefügten Runderlaß über die ehrenamtliche Tätigkeit von Parteigenossen in der Sicherheitspolizei an seine nachgeordneten Polizeidienststellen herausgegeben. Es ist eine selbstverständliche Pflicht, daß die Partei die Polizei in ihrer schweren und großen Aufgabe nach Möglichkeit unterstützt. Ich bitte deshalb, dem Chef der Sicherheitspolizei und des SD. für jeden Kreis eine den Verhältnissen entsprechende Anzahl bewährter Parteigenossen zur ehrenamtlichen Tätigkeit in der Sicherheitspolizei zu melden. Die näheren Einzelheiten sind dem erwähnten Runderlaß zu entnehmen.

Um den Führungsauftrag der Partei nicht zu gefährden, sind Politische Leiter sowie SA.- und HJ.-Führer von einer solchen Beauftragung auszunehmen. *Es muß unter allen Um-*

ständen verhindert werden, dass die Führungsorgane der Partei in der Bevölkerung als eine Art geheime Polizisten angesehen und dadurch ihren eigentlichen Aufgaben entfremdet werden.

Der Runderlaß des Chefs der Sicherheitspolizei und des SD. räumt auch die Möglichkeit ein, einen Parteigenossen jederzeit auf Antrag des zuständigen Kreisleiters aus seiner ehrenamtlichen Tätigkeit in der Sicherheitspolizei zu entlassen. Dadurch ist sichergestellt, dass Parteigenossen, die für wichtige Führungsaufgaben innerhalb der Partei gebraucht werden oder die bei ihrer ehrenamtlichen Tätigkeit in der Sicherheitspolizei nicht das notwendige Verständnis zeigen, von dieser Aufgabe zu entbinden.

Über die im einzelnen nach diesen Bestimmungen sich ergebenden Befugnisse ergibt sich zusammenfassend folgendes:

1. Jeder Volksgenosse hat nach § 127 der Strafprozessordnung das Recht, einen auf frischer Tat betroffenen Täter, gleichgültig, welchen Verbrechens oder Vergehens er sich schuldig gemacht hat, anzuhalten, seine Personalien festzustellen und ihn, falls dies nicht möglich ist, vorläufig festzunehmen. Jeder Volksgenosse und jeder Parteigenosse ist damit auch befugt, gegen Meckerer und Defaitisten auf frischer Tat entsprechend vorzugehen.

11. Verfügungen des Landrates des Kreises Wiener Neustadt vom 11. Juni 1942

Der Landrat des Kreises
Wr.-Neustadt.

XI- 1275 — Wr.-Neustadt, am 11. Juni 1942.

An den
Gendarmeriekreisführer und alle Gendarmerieposten.

Betrifft: Pfarrer Paul Guddas, geboren am 3.3.1897 in Memmersdorf, wohnhaft in Silberbach, Kr. Mohrungen.

Die Geheime Staatspolizei – Geheimes Staatspolizeiamt in Berlin hat folgende Verfügung erlassen:

"Wegen seiner volkszersetzenden Tätigkeit verhänge ich auf Grund des § 1 der Verordnung zum Schutze von Volk und Staat vom 28.2.1933 gegen den Pfarrer Paul Guddas aus Silberbach ein Aufenthaltsverbot für die Prövinz Ostpreussen und ein Redeverbot für das gesamte Reichsgebiet."

Der Landrat:
I.V.
Dr. Kremla
Regierungsrat.

Beglaubigt:

Der Landrat des Kreises
Wr.-Neustadt.

XI- 1276 — Wr.-Neustadt, am 11. Juni 1942.

An den
Gendarmeriekreisführer und alle Gendarmerieposten.

Betrifft: Pfarrer Albert Schmidt, geb. 1.8.1893 zu Hagen, aus Bochum, z. Zeit Detmold.

Die Geheime Staatspolizei - Geheimes Staatspolizeiamt in Berlin hat folgende Verfügung erlassen:

"Auf Grund des § 1 der Verordnung des Reichspräsidenten zum Schutz von Volk und Staat vom 28,2.1933 ist gegen den Pfarrer Albert Schmidt aus Bochum ein Aufenthaltsverbot für die Provinz Westfalen und ein Redeverbot für das gesamte Reichsgebiet erlassen worden, da seine Reden staatsabträgliche Äußerungen enthalten, die geeignet sind, Beunruhigungen in die Bevölkerung zu tragen und die Ruhe und Ordnung zu stören.

Der Landrat:
I.V.
Dr. Kremla
Regierungsrat.

Beglaubigt:

12. *Urteil in der Strafsache gegen Helene Kafka vom 29. Oktober 1942*

8 J 214/42 g
5 H 94/42

Jm Namen
des Deutschen Volkes

In der Strafsache gegen
die Ordensschwester und Operationsschwester am Städtischen Krankenhaus in Wien - Mödling Helene K a f k a , Ordensname „Restituta", aus Wien-Mödling, geboren am 1. Mai 1894 in Husowitz bei Brünn (Mähren),
zur Zeit in dieser Sache in gerichtlicher Untersuchungshaft,
wegen Vorbereitung zum Hochverrat
hat der Volksgerichtshof, 5. Senat, auf Grund der Hauptverhandlung vom 29. Oktober 1942, an welcher teilgenommen haben
als Richter:
Senatspräsident Dr. Albrecht, Vorsitzer,
Kammergerichtsrat Dr. Stäckel,
SA-Brigadeführer Liebel,
SA-Gruppenführer im Stabe der OSAF Lasch,
ꞩꞩ-Standartenführer Polizeipräsident von Dolega-Kozierowski,
als Vertreter des Oberreichsanwalts:
Staatsanwalt Friedrich,
als Urkundsbeamter der Geschäftsstelle:
Justizsekretär Kramp,
für Recht erkannt:

Die Angeklagte K a f k a wird wegen landesverräterischer Feindbegünstigung und Vorbereitung zum Hochverrat zum
T o d e
und zum Ehrenrechtsverlust auf Lebenszeit verurteilt.

Die Angeklagte hat auch die Kosten des Verfahrens zu tragen.

Von Rechts wegen.

Gründe.

Gründe.

I.

Die jetzt 48jährige Angeklagte ist die Tochter eines Amtsdieners. Sie besuchte in Wien die Volks- und Bürgerschule und anschließend ein Jahr lang eine Haushaltungsschule. Seit dem Jahre 1913 ist sie in der Krankenpflege tätig. Seit dem Jahre 1914 gehört sie dem Frauenorden "III.Orden des heiligen Franz Seraphicus von der christlichen Liebe" als Ordensschwester an und kam als solche im Jahre 1919 an das Krankenhaus in Wien-Mödling, wo sie bis zu ihrer am 18.Februar 1942 erfolgten Festnahme als Operationsschwester tätig war.

Die Angeklagte ist ledig und unbestraft.

II.

Im Dezember 1941 ersuchte die Angeklagte die in der Röntgenabteilung des gleichen Krankenhauses als Kanzleiangestellte beschäftigte Zeugin Margarete Smola, ihr von zwei staatsfeindlichen Flugblättern, die sie im Besitz hatte, je eine Schreibmaschinenabschrift nebst einem Durchschlag herzustellen. Die Zeugin führte diesen Auftrag der Angeklagten, die ihr zum Teil den Text der Hetzschriften in die Maschine diktierte, auch weisungsgemäß aus. Bei diesen Flugblättern, von denen je ein Abdruck alsbald nach der Herstellung der Abschriften sichergestellt werden konnten, handelt es sich um eine Schmähschrift mit der Überschrift "Soldatenlied" sowie um eine mit den Worten "Deutsche katholische Jugend" beginnende Hetzschrift, welche die Tagesangabe "8.Juni 1941" trägt. Das "Soldatenlied" hat folgenden Wortlaut:

"Soldatenlied.

Erwacht Soldaten und seid bereit,
Gedenkt Eures ersten Eid.
Für das Land, in dem ihr gelebt und geboren,
Für Österreich habet ihr alle geschworen.
Da sieht ja schon heute jedes Kind,
Daß wir von den Preußen verraten sind.
Für die uralte heimische Tradition
Haben sie nichts als Spott und Hohn.
Den altösterreichischen General
Kommandiert ein Gefreiter von dazumal.
Und der österreichische Rekrut,
Ist für sie nur als Kanonenfutter gut.
Zum Beschimpfen und Leuteschinden
Mögen sie andere Opfer finden.
Mit ihrem großen preußischen Maul
Sind sie uns herabzusetzen nicht faul.

Da-

Dafür haben sie bis auf den letzten Rest
Die Ostmarkzitrone ausgepreßt.
Unser Gold und Kunstschätze schleppten sie gleich
In ihr abgewirtschaftetes Nazireich.
Unser Fleisch, Obst, Milch und Butter
Waren für sie ein willkommenes Futter.
Sie befreiten uns und ehe mans glaubt,
Hatten sie uns gänzlich ausgeraubt.
Selbst den ruhmvollen Namen stahl uns die Brut
Und jetzt wollen sie auch noch unser Blut.
Der Bruder Schnürschuh ist nicht so dumm
Gebt acht er dreht die Gewehre um.
Der Tag der Vergeltung ist nicht mehr weit
Soldaten gedenkt eures ersten Eid.
Österreich !
Wir Österreicher auf uns gestellt
Hatten Frieden und Freundschaft mit aller Welt.
Die Welt vergiftet mit ihrem Haß
Sie machen sich jedes Volk zum Feind
Sie haben die Welt gegen sich vereint.
Die Mütter zittern, die Männer gangen
Der Himmel ist schwarz mit „olken verhangen.
Der schrecklichste Krieg, den die Menschheit gekannt,

Steht furchtbar vor unserem Heimatland.
Es droht uns Elend und Hungersnot
Der Männer und Jünglingen Massentod.
Kameraden trotz dem verderblichen Wahn
Was gehen uns die Händel der Preußen an.
Was haben uns die Völker getan ?
Wir nehmen die Waffen nur in die Hand
Zum Kampf fürs freie Vaterland.
Gegen das braune Sklavenreich
Für ein glückliches Österreich ! "

In der Flugschrift "Deutsche katholische Jugend" wird eine angebliche Störung einer katholischen Jugendkundgebung in Freiburg im Breisgau zum Anlaß genommen, die Führung der Hitlerjugend in niederträchtiger Weise zu verdächtigen und zu beschimpfen und die katholische Bevölkerung gegen die nationalsozialistische Staatsführung aufzuhetzen.

Die Angeklagte will sich die Urschrift des Hetzgedichtes "Soldatenlied" Anfang Dezember 1941 von zwei ihr dem Namen nach unbekannten Soldaten, die Verbandzeug zum Sterilisieren in das Spital brachten, zwecks Herstellung von Abschriften ausgebeten haben. Sie will die Urschrift dann nach der Anfertigung der Abschriften verloren und sie deshalb den beiden Soldaten nicht mehr haben zurückgeben können. Die konfessionelle Flugschrift wurde der Angeklagten, wie sie behauptet hat, bereits im Sommer oder Herbst 1941 von einer anderen Klosterschwester überlassen, an deren Person sie sich angeblich nicht mehr erinnern kann.

<u>Nach</u>

Nach der Herstellung der Vervielfältigungen las die Angeklagte das Hetzgedicht "Soldatenlied" den ebenfalls im Krankenhaus in Wien-Mödling beschäftigten Ordensschwestern Anna Mittasch ("Angelica") und Magdalena Schmid ("Kajetana") vor, wobei auch, wenigstens zu Beginn, die Zeugin Josefine Mittasch, die als Operationsgehilfin im Krankenhaus tätig ist, zugegen war. Als die Angeklagte dieser Zeugin erzählte, daß die Soldaten dieses Lied sängen, erklärte die Zeugin verständlicherweise, daß sie das nicht glaube, worauf sie von der Angeklagten weggeschickt wurde. Über den weiteren Verbleib der Vervielfältigungen des "Soldatenliedes" haben keine sicheren Feststellungen getroffen werden können; die Angeklagte behauptet, sie verbrannt zu haben. Das gleiche will sie mit der Urschrift und den Abschriften der konfessionellen Flugschrift getan haben.

13. Richterbriefe, Mitteilungen des Reichsministers für Justiz, Nr. 1 vom 1. Oktober 1942

In einer Zeit, in der die Besten unseres Volkes an der Front ihr Leben einsetzen und die Heimat unermüdlich für den Sieg arbeitet, ist kein Platz für Verbrecher, die diesen Gemeinschaftswillen stören. Die Justiz muß daher erkennen, daß es ihre Aufgabe ist, im Krieg die Verräter und Saboteure der inneren Front zu vernichten ...

Jedc zu milde Strafe schadet früher oder später der Gemeinschaft und trägt die Gefahr einer seuchenähnlichen Verbreitung und allmählichen Zersetzung der Abwehrfront in sich. Es ist aber immer besser, der Richter vernichtet einen solchen Seuchenträger rechtzeitig, als daß er später hilflos einer verseuchten Mehrheit gegenübersteht. Der Verbrecher darf im vierten Kriegsjahr nicht den Eindruck gewinnen, daß der Kampf der Gemeinschaft gegen ihn nachläßt, sondern muß im Gegenteil stets neu spüren, daß der deutsche Richter auf die Feinde der inneren Front ebenso unerbittlich einschlägt wie der Soldat draußen auf dem äußeren Feind.

14. Richterbriefe, Mitteilungen des Reichsministers für Justiz, Nr. 1 vom 1. Oktober 1942, Seite 1

RICHTERBRIEFE

MITTEILUNGEN DES REICHSMINISTERS DER JUSTIZ

Vertraulich

NUMMER 1 VOM 1. OKTOBER 1942

Deutsche Richter!

Nach alter germanischer Rechtsauffassung war immer der Führer des Volkes sein oberster Richter. Wenn also der Führer einen anderen mit dem Amt eines Richters belehnt, so bedeutet das, daß dieser nicht nur seine richterliche Gewalt vom Führer ableitet und ihm verantwortlich ist, sondern auch daß Führertum und Richtertum wesensverwandt sind.

Der Richter ist demnach auch Träger der völkischen Selbsterhaltung. Er ist der Schützer der Werte eines Volkes und der Vernichter der Unwerte. Er ist der Ordner von Lebensvorgängen, die Krankheiten im Leben des Volkskörpers sind. Ein starkes Richtertum ist für die Erhaltung einer wahren Volksgemeinschaft unerläßlich

Mit dieser Aufgabe ist der Richter der unmittelbare Gehilfe der Staatsführung. Diese Stellung hebt ihn heraus, sie läßt aber auch die Begrenzung seiner Aufgaben erkennen, die nicht, wie eine liberalistische Doktrin glaubte, in der Kontrolle der Staatsführung liegen kann. Denn wenn ein Staat nicht eine Organisation besitzt, die dem Besten die Führung gibt, so kann die Rechtspflege durch ihre Tätigkeit diese Auslese nicht ersetzen.

Der Richter ist die Verkörperung des lebendigen Gewissens der Nation. Jeder Staat geht zugrunde, in dem nicht Redlichkeit und saubere Gesinnung der Wertmaßstab im Leben der Volksgemeinschaft sind. Hierüber zu wachen ist Aufgabe des Richters. Er muß in seinem Urteil dem Volke stets diese Linie aufzeigen.

Diese Aufgaben stellen den Richter in den Mittelpunkt der Rechtspflege. Sie lassen den Richterberuf als einen Urberuf — dem des Bauern und Soldaten vergleichbar — erscheinen. Sie können nur von freien, innerlich klaren und anständigen Menschen erfüllt werden, die von einem hohen Verantwortungsbewußtsein und starker Verantwortungsfreude getragen sind und in ihrer inneren und äußeren Haltung dem Bild entsprechen, das sich das deutsche Volk von einem Richter macht. Der Richterstand muß daher ein Richterkorps werden, das eine Auslese der Nation darstellt. Das darf aber nicht dazu führen, daß der Richter über dem Volke thront; er muß vielmehr in und mit seinem Volke leben und dessen Nöte und Sorgen kennen, um helfen zu können.

Ein solches Richterkorps wird sich nicht sklavisch der Krücken des Gesetzes bedienen. Es wird nicht ängstlich nach Deckung durch das Gesetz suchen, sondern verantwortungsfreudig im Rahmen des Gesetzes die Entscheidung finden, die für die Volksgemeinschaft die beste Ordnung des Lebensvorgangs ist.

INDIZES

PERSONEN- UND SACHVERZEICHNIS

Bekennende Kirche. Bewegung, die ab 1934 innerhalb der protestantischen Kirche dem Allmachtsanspruch der Nationalsozialisten und der „Deutschen Christen" entgegentrat. Wandte sich besonders gegen Antisemitismus, die Vernichtung „unwerten Lebens" u. a. Wirkte auch nach 1945 an der Neuordnung der evangelischen Kirche mit. Bekannteste Exponenten: Niemöller und Wurm.

Bobby, Graf. Beliebte Wiener Witzfigur. Leicht versnobter, naiver Wiener Adeliger. Sein Gesprächspartner ist meistens Graf Rudi.

Bürckel Josef, 1895–1944. NS-Führer, 1935 nach der Volksabstimmung mit der verwaltungsmäßigen Eingliederung des Saarlandes in das Deutsche Reich betraut (Gau Saarpfalz). Ab 13. März 1938 „Reichskommissar für die Wiedervereinigung Österreichs mit dem deutschen Reich" und ab 30. Jännner 1939 Gauleiter von Wien. Ab August 1940 Chef der Zivilverwaltung in Lothringen.

Churchill Sir Winston, 1874–1965. Britischer Staatsmann, konservativer Parteiführer. Premierminister 1940–1945 und 1951–1955. Hatte frühzeitig die Hitlergefahr erkannt.

Dachau. Stadt in Bayern, bei der bereits 1933 das bekannteste deutsche Konzentrationslager errichtet wurde. Ausbildungsstätte für SS-KZ-Mannschaften. Heute Gedenkstätte.

Dimitroff Georgi, 1882–1949. Bulgarischer kommunistischer Politiker, 1933 im Reichstagsbrandprozess freigesprochen. 1935–1943 Generalsekretär der Kommunistischen Internationale. 1946–1949 Ministerpräsident Bulgariens.

Personen- und Sachverzeichnis, die Zeittafel sowie das Verzeichnis über die weiterführende Literatur sind lediglich als Orientierungshilfen gedacht und erheben daher keinen Anspruch auf Vollständigkeit.

Endlösung der Judenfrage. Von den Nationalsozialisten von langer Hand vorbereitetes Vernichtungsprojekt. Der Startschuss zum unmittelbaren Vollzug wurde auf der sogenannten „Wannseekonferenz“ am 20. Jänner 1942 gegeben. Hauptort der Massenvernichtung war das KZ Auschwitz-Birkenau im heutigen Polen. An den Maßnahmen zur „Endlösung“ beteiligten sich auch die „Einsatzgruppen“ der SS in den von der Wehrmacht besetzten Gebieten. Die Gesamtzahl der Opfer wird auf 4,5 bis 6 Millionen geschätzt.

Frick Wilhelm, 1877–1946 (hingerichtet). NS-Politiker. 1933–1943 Reichsminister des Inneren. Vom internationalen Militärtribunal in Nürnberg zum Tode verurteilt.

Gestapo, Geheime Staatspolizei. Politische Polizei in der NS-Ära. Agierte weitgehend außerhalb jedes gesetzlichen Rahmens. Faktisch unbeschränkte Macht zu Freiheitsentzug und KZ-Deportation aufgrund eines sogenannten „Schutzhaftbefehles“. Unterstand bis 1934 Göring, dann Himmler und ab 1942 Kaltenbrunner.

Goebbels Joseph, 1897–1945 (Selbstmord). 1926 NS-Gauleiter von Berlin. 1933 Reichsminister für Volksaufklärung und Propaganda. Stellte Presse, Rundfunk, Film etc. uneingeschränkt in den Dienst der NS-Propaganda. 1944 Reichsbevollmächtigter für den totalen Kriegseinsatz.

Göring Hermann, 1893–1946 (Selbstmord). Hochdekorierter Jagdflieger im Ersten Weltkrieg. Seit 1922 Mitglied der NSDAP und mit dem Aufbau der SA betraut. 1932 Reichstagspräsident und ab 1933 preußischer Ministerpräsident. Als Kommissarischer preußischer Innenminister schuf Göring das Preußische geheime Staatspolizeiamt, das 1934 von Himmler und Heydrich zur (gesamtdeutschen) geheimen Staatspolizei ausgebaut wurde. Reichsminister für Luftfahrt, 1935 Oberbefehlshaber der Luftwaffe, 1936 Beauftragter für den „Vierjahresplan“, 1940 Reichsmarschall. 1946 in Nürnberg zum Tode verurteilt.

Heß Rudolf, 1894–1987. Im Jahre 1923 mit Hitler in Landsberg in Haft. 1933 „Stellvertreter des Führers“ und Reichsminister. Flog 1941 nach England, in der Hoffnung, Großbritannien zum Kampf gegen die Sowjetunion gewinnen zu können. Nach Bekanntwerden des Fluges ließ Hitler Heß für geisteskrank erklären. Heß wurde in Nürnberg zu lebenslanger Haft verurteilt, die er in Spandau bis zu seinem Tod verbüßte.

Heydrich Reinhard, 1904–1942. NS-Führer, 1934 Chef der Gestapo und 1936 der Sicherheitspolizei. Wurde in Prag, wo er die Funktion des Stellvertretenden Reichsprotektors für Böhmen und Mähren ausübte, von Freiheitskämpfern erschossen. Treibende Kraft bei den verschiedenen Vernichtungsmaßnahmen.

Himmler Heinrich, 1900–1945 (Selbstmord). Seit 1929 Reichsführer der SS, die er ab 1934 zum hauptsächlichen Unterdrückungsinstrument des NS-Staates ausbaute. 1936 Chef der deutschen Polizei, 1943 Reichsinnenminister und 1944 Oberbefehlshaber des Ersatzheeres. Hauptorganisator der Gestapo, des KZ-Systems und der Massenvernichtung, insbesondere der „Endlösung“ der „Judenfrage“.

Hindenburg Paul v., 1847–1934. Deutscher Heerführer, Generalfeldmarschall, 1925 zum Reichspräsidenten gewählt und 1932 wieder gewählt. Bestellte Hitler 1933 zum Reichskanzler.

Hitler Adolf, 1889–1945 (Selbstmord). 1913 Übersiedlung nach Bayern. Kriegsfreiwilliger im Ersten Weltkrieg (Auszeichnungen). 1921 Führer der NSDAP. Misslungener Putschversuch 1923 in München und einjährige Haft in Landsberg. (Dort Verfassung der Programmschrift: „Mein Kampf“.) 1925 Neugründung der NSDAP. 1933 Reichskanzler und nach dem Tod Hindenburgs 1934 auch Staatsoberhaupt. Oberster Befehlshaber der Wehrmacht. Hauptverantwortlicher für die Umwandlung Deutschlands in einen faschistischen Einheitsstaat, die Entfesselung des Zweiten Weltkrieges, die Kriegsverbrechen und Massenmorde. Weitete angesichts der auch ihm bewussten totalen Niederlage den Krieg noch aus („verbrannte Erde“), da „das deutsche Volk wegen des nicht genügenden Einsatzes den Untergang verdient hat“.

HJ, Hitler-Jugend. Jugendorganisation der NSDAP.

Kaltenbrunner Ernst, 1903–1946 (hingerichtet). Österreichischer NS-Funktionär, SS-Führer. 1943 bis 1945 Chef der Sicherheitspolizei und des SD sowie des Reichssicherheitshauptamtes (RSHA). Mitverantwortlich für die „Endlösung“ und die sonstigen Massenmorde. In Nürnberg zum Tode verurteilt.

Keitel Wilhelm, 1892–1946 (hingerichtet). Generalfeldmarschall der Deutschen Wehrmacht. Als Chef des Oberkommandos der Wehrmacht mitverantwortlich für die Kriegsverbrechen. Vom internationalen Militärgerichtshof in Nürnberg zum Tode verurteilt.

Ley Robert, 1890–1945 (Selbstmord). NS-Führer.

Moser Hans (eigentlich Jean Juliet), 1880–1964. Österreichischer Volksschauspieler.

NSDAP, Nationalsozialistische Deutsche Arbeiterpartei. Wurde 1919 in München gegründet und seit 1921 von Hitler geführt. Träger der Gewaltherrschaft von 1933 bis 1945.

Papen Franz v., 1879–1969. Zentrumspolitiker. 1932 Reichskanzler. Unter Hitler bis 1934 Vizekanzler. Dann Gesandter bzw. Botschafter in Österreich bis 1938. Botschafter in der Türkei von 1939 bis 1944. Im Nürnberger Prozess freigesprochen, von einer Spruchkammer jedoch zu acht Jahren Arbeitslager verurteilt.

Pg., Parteigenosse. Mitglied der NSDAP.

Piefke. Nach einem in Berlin häufig vorkommenden Familiennamen in Österreich und Bayern abwertend gebrauchte Bezeichnung für die „Preußen“. Dümmlicher Nichtstuer, der den Mangel an Intelligenz durch eingebildetes großsprecherisches Wesen und Benehmen zu kompensieren sucht.

Reichstagsbrand (27. Februar 1933). Bildete den Vorwand, die Grund- und Freiheitsrechte aufzuheben und gab den Auftakt zu Massenverhaftungen von NS-Gegnern. Von der NS-Propaganda als „Werk der Kommunisten“ bezeichnet. Im Reichstagsbrandprozess (21. September–23. Dezember 1933) mussten die angeklagten bulgarischen Exilkommunisten, Dimitroff, Popoff und Taneff, sowie der ehemalige kommunistische Reichstagsabgeordnete Torgler freigesprochen werden. Der holländische Exkommunist van der Lubbe wurde zum Tode verurteilt und hingerichtet. Obwohl zahlreiche Indizien dafür sprachen und die NS-Partei die einzige Nutznießerin des Verbrechens war, gibt es keine eindeutigen juristischen Nachweise für die Urheberschaft der Nationalsozialisten. Dass man die gefangenen Bulgaren trotz Freispruches nicht in ein KZ steckte, sondern ausreisen ließ, war ein Erfolg der internationalen Solidaritätsbewegung.

Ribbentrop Joachim v., 1893–1946 (hingerichtet). Ursprünglich Sektreisender. 1936–1938 Botschafter in London, dann Reichsaußenminister. In Nürnberg zum Tode verurteilt.

Röhm Ernst, 1887–1934. Offizier im Ersten Weltkrieg. NS-Führer und einer der wenigen Du-Freunde Hitlers. Seit 1931 Stabschef der SA (siehe dort), die nach seiner Vorstellung den Kern eines NS-Volksheeres bilden sollte. Die Erschießung am 30. Juni 1934 erfolgte über ausdrücklichen Befehl Hitlers wegen eines angeblichen Putschplanes. Mitverantwortlich für die Gewalttaten der SA in der „Kampfzeit“. Die nach der Erschießung Röhms bekannt gegebenen homosexuellen Exzesse Röhms waren Hitler seit langem bekannt gewesen.

Roosevelt Franklin Delano, 1882–1945. US-Politiker (Demokratische Partei). Präsident von 1933–1945. Energischer Verfechter der Anti-Hitler-Koalition.

Rosenberg Alfred, 1893–1946 (hingerichtet). Ideologischer Hauptpropagandist der NS-Bewegung und Hauptschriftleiter des „Völkischen Beobachters“, des Zentralorgans der NSDAP. 1941 Reichsminister für die besetzten Gebiete. Vom internationalen Militärgerichtshof in Nürnberg zum Tode verurteilt.

SA, Sturmabteilung. NS-Kampftruppe. Bis 1933 an vielen gewaltsamen Auseinandersetzungen (Saal- und Straßenschlachten) mit politischen Gegnern beteiligt. Nach der Röhm-Affaire verlor die SA viel von ihrer ursprünglichen Bedeutung und diente vor allem der vor- bzw. paramilitärischen Ausbildung.

Schirach Baldur v., 1907–1974. Reichsjugendführer und Reichsleiter. 1940 bis 1945 Gauleiter und Reichsstatthalter von Wien. Vom internationalen Militärgerichtshof in Nürnberg zu 20 Jahren Haft verurteilt und bis 1966 in Spandau inhaftiert.

SD, Sicherheitsdienst. Siehe auch SS.

SS, Schutzstaffel. Militärisch organisierte NS-Kampfgliederung, die ab 1933 auch das Personal für die Konzentrationslager (Totenkopfverbände) stellte. Die SS-Verfügungstruppe bildete einen selbstständigen Teil der deutschen Kriegsmaschienerie. Dem Sicherheitsdienst – SD – oblag die politische Überwachung des Partei- und Staatsapparates. In Verbindung mit der Gestapo (siehe dort) war die SS das wesentlichste Unterdrückungsinstrument des NS-Regimes. Siehe auch Stichwort „Himmler“.

Weiß Ferdl (Ferdinand Weisheitinger), 1883–1949, Münchner Komiker und Kabarettist.

Wessel Horst, 1907–1930 (gestorben an den Verletzungen anlässlich einer politischen Auseinandersetzung). Student. Ab 1926 Mitglied der NSDAP. Das von ihm verfasste Lied, „Die Fahne hoch, die Reihen dicht geschlossen“, wurde von den Nationalsozialisten neben dem Deutschland-Lied zur zweiten Nationalhymne erhoben.

WHW, Winterhilfswerk. Die Mittel wurden durch Straßensammlungen aufgebracht. Eine Kontrolle der Einkünfte gab es nicht.

ZEITTAFEL

1933

30. Jänner: Hitler wird Reichskanzler (von Papen Vizekanzler). Im Kabinett sind die NS-Minister noch in der Minderheit.

27. Februar: Reichstagsbrand in Berlin. In der Folge Massenverhaftung von NS-Gegnern.

28. Februar: Notverordnung „zum Schutz von Volk und Staat“ – Aufhebung der in der Weimarer Verfassung festgelegten Grundrechte (Reichstagsbrand-VO).

5. März: Reichstagswahlen. Die NSDAP erringt 44 % der Stimmen und mit den in der Regierung vertretenen Koalitionspartnern die absolute Mehrheit. Es sind dies für lange Jahre die letzten freien Wahlen in Deutschland.

13. März: Joseph Goebbels wird Reichsminister für Volksaufklärung und Propaganda.

20. März: Errichtung des KZ Dachau.

23. März: Ermächtigungsgesetz – „Gesetz zur Behebung der Not von Volk und Reich“, von allen im Reichstag vertretenen Parteien, außer den Sozialdemokraten (die Kommunisten waren bereits an der Ausübung der Mandate gehindert), angenommen. Damit war der Weg frei für die Errichtung des totalitären Führerstaates. – Ende des Rechtsstaates (sogenannte „Legalitätsfassade“).

2. Mai: Auflösung der Gewerkschaften. Bildung der Deutschen Arbeitsfront. (DAF)

Juni/Juli: Auflösung aller Parteien außer der NSDAP. Beginn der massiven Verfolgung und Diskriminierung der Juden.

21. September: Beginn des Reichstagsbrandprozesses gegen den Holländer van der Lubbe, die bulgarischen Exilkommunisten Dimitroff, Popoff und Taneff sowie den ehemaligen kommunistischen Reichstagsabgeordneten Ernst Torgler. Dramatische Rededuelle zwischen Dimitroff und den „Belastungszeugen“, insbesondere mit Göring. Weltweites Interesse.

19. Oktober: Austritt Deutschlands aus dem Völkerbund.

10. November: Wiedereinführung der Todesstrafe.

23. Dezember: Urteilsverkündung im Leipziger Reichstagsbrandprozess. Van der Lubbe wird zum Tode verurteilt, die anderen Angeklagten werden freigesprochen.

1934

12. Februar: „Februarkämpfe“ in Österreich. Errichtung des „autoritären Ständestaates“ faschistischer Prägung. Die Linke in der Illegalität. (Die NSDAP war bereits im Juni 1933 nach einer Serie schwerer Gewalttaten verboten.)

20. April: Himmler wird Chef der Gestapo (ab 1936 Chef der deutschen Polizei).

30. Juni: „Röhm-Putsch“. Unter diesem Vorwand werden viele unbequem gewordene NS-Funktionäre, auch der Stabschef der SA, Röhm, aber auch NS-Gegner auf persönlichem Befehl Hitlers ohne jedes Verfahren ermordet.

25. Juli: Nationalsozialistischer Putschversuch in Österreich. Ermordung des Bundeskanzlers Dr. Dollfuß.

2. August: Nach dem Tod des greisen Reichspräsidenten von Hindenburg, der seine Funktion in den letzten Monaten kaum noch ausgeübt hat, wird Hitler auch Oberhaupt des Deutschen Reiches (19. August – „Volksabstimmung“ mit 90 % Ja-Stimmen), offizieller Titel „Führer und Reichskanzler“, und Oberbefehlshaber der Reichswehr.

1935

Jänner: Rückgabe des Saargebietes an Deutschland nach Volksabstimmung (90 % für Deutschland).

16. März: Wiedereinführung der allgemeinen Wehrpflicht in Deutschland (ab 1936 zwei Jahre Dienstzeit).

15. September: Erlassung der „Nürnberger Rassengesetze“, dadurch Scheinlegalisierung der Judenverfolgungen.

Oktober: Italienischer Überfall auf Abessinien.

1936

18. Juli: Beginn des Bürgerkrieges in Spanien. Militärische Hilfe Deutschlands und Italiens für den Diktator und Führer des faschistischen Aufstandes, Franco. Die Volksfront wird von der Sowjetunion unterstützt. Schaffung der „Internationalen Brigaden".

Oktober: Vertrag über die „Achse Deutschland-Italien".

1937

5. November: Hitler erläutert seine Kriegspläne vor den Oberbefehlshabern der Wehrmacht: „... die Sicherung und Erhaltung der Volksmasse ist nur durch Gewinnung neuen Raumes zu erreichen." Und zwar in unmittelbarem Anschluss an das Reich in Europa: die Einverleibung Österreichs und die Niederwerfung der Tschechoslowakei seien zuerst notwendig (Aufzeichnung des Gespräches im Hossbach-Protokoll). Bedenken in maßgebenden Wehrmachtskreisen.

1938

4. Februar: „Neuordnung" – Umorganisation der Wehrmacht. Entlassung des Reichskriegsministers von Blomberg und des Oberbefehlshabers des Heeres von Fritsch. Hitler an der Spitze der Armee; Bildung eines Oberkommandos der Wehrmacht unter General Keitel, dem die Oberbefehlshaber der drei Wehrmachtsteile gleichgeordnet waren. In der Folge verstärkte und intensive NS-Durchdringung der Wehrmacht.

11. März: Rücktritt des österreichischen Bundeskanzlers Dr. Schuschnigg nach einem deutschen Ultimatum. Einmarsch der Wehrmacht.

13. März: „Anschluss" Österreichs – „Großdeutschland". Die „Wiedervereinigung Österreichs mit dem deutschen Reich" wird von dem aus dem „Altreich" kommenden Gauleiter Josef Bürckel organisiert.

1. April: Erster Österreicher-Transport in das KZ Dachau (151 Mann, davon 60 „Juden").

10. April: „Volksabstimmung“ über die „Wiedervereinigung“ (99 % Ja-Stimmen).

September/Oktober: Tschechenkrise. Kapitulation Englands und Frankreichs vor Hitler. Abtretung der Sudetengebiete.

9. November: „Reichskristallnacht“. Massenausschreitungen gegen Juden im ganzen Reichsgebiet. Zerstörung von Tempeln und Plünderungen jüdischen Eigentums. Vorwand: die Ermordung eines deutschen Diplomaten in Paris.

1939

März: Hitler zerschlägt die demokratische Tschechoslowakei. „Unabhängigkeitserklärung“ der Slowakei. Errichtung des Reichsprotektorates Böhmen und Mähren.

22. Mai: Militärbündnis zwischen Deutschland und Italien – sogenannter „Stahlpakt“.

23. August: Deutsch-Sowjetrussischer Nichtangriffspakt.

25. August: Englisch-Polnisches Bündnis.

1. September: Beginn des deutschen Angriffs auf Polen ohne vorherige Kriegserklärung.

3. September: Kriegserklärung Englands und Frankreichs an Deutschland.

27. September: Kapitulation von Warschau.

1. Oktober: Aufteilung Polens zwischen der Sowjetunion und dem Deutschen Reich. Die nicht an Deutschland rückgegliederten Gebiete werden, soweit sie in der deutschen Einflusssphäre liegen, als „Generalgouvernement“ (Generalgouverneur Hans Frank mit dem Sitz in Krakau) verwaltet. Brutale Maßnahmen gegen die polnische Bevölkerung, besonders gegen die Intelligenz. Verfolgung und Beginn der Maßnahmen zur Vernichtung der polnischen Juden. Anlegung von Ghettos.

20. Oktober: 912 österreichische Juden werden nach Nisko-Polen deportiert. Am 26. Oktober folgt ein weiterer Transport mit 672 Personen. Organisator: Eichmann, der Leiter des „Referates für jüdische Auswanderung“.

23. November: Einführung des Judensterns im „Generalgouvernement“.

1940

9. April: Deutscher Angriff auf Dänemark, das sich kampflos ergibt und Norwegen, das am 9. Juni kapituliert.

27. April: Anordnung Himmlers, in Auschwitz ein Konzentrationslager zu errichten.

30. April: Erstes umfriedetes und bewachtes Ghetto in Lodz.

10. Mai: Beginn des deutschen Angriffs im Westen.

14. Mai: Schwere Bombardierung Rotterdams.

24. Mai: Kapitulation der Niederlande.

28. Mai: Kapitulation Belgiens. Churchill wird anstelle von Chamberlain britischer Premierminister. Angriff auf Frankreich.

14. Juni: Besetzung von Paris.

22. Juni: Waffenstillstand mit Frankreich. Im unbesetzten Südfrankreich residiert Marschall Petain von Hitlers Gnaden. General de Gaulle organisiert den Widerstand (Résistance).

Juli: Umbau eines alten ehemaligen Betonbunkers in ein Krematorium.

7. Juli: Als Nachfolger von Bürckel (nun Chef der Zivilverwaltung in Lothringen) wird der gleichfalls aus dem „Altreich“ stammende ehemalige Reichsjugendführer Baldur von Schirach Gauleiter und Reichsstatthalter von Wien.

13. August: Beginn der „Luftschlacht“ um England. Am 20. November wird die Stadt Coventry angegriffen. Schwerste Schäden. Die deutsche Propaganda spricht von „coventrysieren“.

25./26. August: Erster britischer Luftangriff auf Berlin.

27. September: Dreimächtepakt „Deutschland, Italien, Japan“, die Vertragsmächte sagen gegenseitige Unterstützung für den Fall eines Angriffes der USA zu.

28. Oktober: Italienischer Angriff auf Griechenland, das jedoch erfolgreich Widerstand leistet.

15. November: Das Warschauer Ghetto wird hermetisch von der Außenwelt abgeriegelt.

1941

1. März: Himmler besucht Auschwitz. Befehl zum Ausbau des Lagers für circa 30 000 Häftlinge. Auch für sowjetische Kriegsgefangene (!).

6. April: Deutscher Angriff auf Jugoslawien, das am 17. April kapituliert, und auf Griechenland, das sich am 23. April ergibt. Exilregierungen. Beginn des Partisanenkampfes in beiden Ländern.

10. Mai: Englandflug des „Stellvertreter des Führers", Rudolf Heß, in der Absicht, die Briten zum gemeinsamen Kampf gegen die Sowjetunion zu gewinnen. Er wird dort interniert. In Deutschland wird erklärt, Heß habe den Flug in geistiger Umnachtung begangen.

Juni: Himmler erteilt dem Kommandanten von Auschwitz den Auftrag, Pläne für die Massenvernichtung vorzulegen.

22. Juni: Beginn des deutschen Angriffs auf die Sowjetunion.

12. Juli: Bündnis Sowjetunion-Großbritannien. Ab 2. August US-Hilfe für die SU.

21./22. Juli: Erster deutscher Luftangriff auf Moskau.

25. Juli: 575 als arbeitsunfähig ausgesuchte Häftlinge werden in Auschwitz durch Gas gemordet.

31. Juli: Göring weist den Chef der Sicherheitspolizei und des Sicherheitsdienstes der SS, Heydrich, an, die „Gesamtlösung der Judenfrage" vorzubereiten. Ab August Beginn der „Abimpfung" von kranken oder arbeitsunfähigen Häftlingen. Phenol wird direkt ins Herz gespritzt.

11. August: Verkündung der „Atlantik-Charta" durch Roosevelt und Churchill. Festlegung der gemeinsamen Kriegsziele: Ablehnung von Gebietserweiterungen; freie Entscheidung der Völker über ihre Regierungsformen; Freiheit der Meere und freier Handel mit allen Staaten; Ablehnung des Krieges als Mittel internationaler Politik.

Juli/August: Vordringen der deutschen Truppen in Russland bis etwa zur Linie westlich Leningrad-Kiew. Eroberung des Donezbeckens und der Krim. Erfolglose Angriffe auf Moskau. Partisanenkrieg.

15. September: Zur Kennzeichnung der Juden wird in ganz Deutschland der „Judenstern" eingeführt.

28./29. September: Blutbad in Kiew. 34 000 Juden durch „Einsatzkommandos" der SS ermordet.

8. Oktober: Baubeginn des Auschwitz-Zweiglagers Birkenau, der späteren Massenvernichtungsstätte.

Ende November: Beginn einer Massenvernichtungsaktion an den Juden von Chelmo-Posen. Einem Blutbad bei Riga fallen 27 000 Menschen zum Opfer.

7. Dezember: Japanischer Überfall auf die US-Flotte bei Pearl Harbor.

11. Dezember: Deutschland und Italien erklären den USA den Krieg.

1942

1. Jänner: Vertrag von Washington: 26 Staaten im Krieg mit den Achsenmächten (Deutschland–Italien –Japan) verpflichten sich, keinen Sonderfrieden zu schließen.

6. Jänner: Sowjetische Note über deutsche Verbrechen in den besetzten Gebieten.

15. Jänner: Alliierte Note: Kriegsverbrechen werden bestraft.

20. Jänner: Wannseekonferenz über die „Endlösung". Besprechung zur Koordinierung der Vernichtungsmaßnahmen zwischen den „zuständigen" Behörden. Daran beteiligt: fünf Reichsministerien. Den Vorsitz führt Heydrich, der auch den Einführungsvortrag hält und seine Bestellung zum Beauftragten für die Vorbereitung der Endlösung der europäischen Judenfrage bekannt gibt. Um die gleiche Zeit beginnen die Deportationen nach Theresienstadt.

Februar/März: Ermordung von 14 000 Juden in der Charkower Traktorenfabrik Nr. 9.

26. März: Beginn der Deportation slowakischer Juden nach Auschwitz. Deportation von 6 000 Pariser Juden nach Auschwitz.

April: Beginn der Massendeportationen aus dem Reichsgebiet nach Polen.

26. Mai: Attentat auf Heydrich, der seit September 1941 die Geschäfte des Reichsprotektors in Böhmen und Mähren führte (formeller „Reichsprotektor" war der ehemalige Reichsaußenminister v. Neurath) und sich durch seine brutalen Unterdrückungsmaßnahmen verhasst gemacht hatte. Zur „Vergeltung" werden von den deutschen Behörden der Ort Lidice (wo einer der Attentäter verhaftet wurde) zerstört und die männlichen Einwohner niedergemetzelt.

Juni: Beginn der Massenvergasungen im KZ Auschwitz-Birkenau.

28. Juni: Deutscher Angriff gegen den Don und Vorstoß gegen den Kaukasus bis zum Terek.

Juli: Errichtung des Vernichtungslagers Treblinka in Polen. Beginn der Erweiterungsbauten der Krematorien in Auschwitz-Birkenau.

17./18. Juli: Zweiter Inspektionsbesuch Himmlers in Auschwitz. Er läßt sich eine Vergasung vorführen. Kommandant Höss wird in Anerkennung seiner guten Arbeit zum SS-Obersturmbannführer befördert. Erster Deportationszug aus Holland.

4. August: Erster Deportationszug aus Belgien.

7. August: Landung der Amerikaner auf Guadalcanal (Salomoninseln). Beginn des Kampfes um Stalingrad.

August–September: Massendeportationen von Agram nach Auschwitz. Zahlreiche aus Theresienstadt deportierte Juden werden bei Minsk vergast.

4. Oktober: Himmler befiehlt die Überstellung aller jüdischen KZ-Häftlinge nach Auschwitz.

7. Oktober: Interalliierte Kommission zur Untersuchung von Kriegsverbrechen.

Oktober: Englische Gegenoffensive in Nordafrika. Räumung der Cyreaika durch Deutsche und Italiener.

11. November: Besetzung des nach dem Waffenstillstand 1940 unbesetzt gebliebenen Teiles von Frankreich durch

die Deutsche Wehrmacht.

Ende November: Wende im Osten. Durchstoß der sowjetischen Truppen nördlich und südlich von Stalingrad. Die 6. Armee unter dem Oberbefehlshaber Paulus wird eingeschlossen. Ein Ausbruchsversuch war von Hitler verboten worden.

17. Dezember: Feierliche Erklärung der Alliierten, dass die Judenermordungen gesühnt werden würden.

1943

2. Jänner: Schwere alliierte Luftangriffe auf deutsches Gebiet. Zahlreiche Tote und Verletzte.

14. – 24. Jänner: Konferenz von Casablanca über die alliierten Kriegsanstrengungen. Festlegung gemeinsamer Ziele und Strategien in Europa und Asien.

29. Jänner: „Auschwitz-Erlass" über die Einweisung von „Zigeunern" in Konzentrationslager. Kurz darauf Beginn der „Zigeuner"-Transporte. Einrichtung von „Familienlagern".

31. Jänner: Kapitulation von Stalingrad. 90 000 überlebende Wehrmachtsangehörige kommen in sowjetische Kriegsgefangenschaft. Wendepunkt im Russlandfeldzug und im Krieg überhaupt. Erstes deutliches Anzeichen der kommenden deutschen Niederlage.

18. Februar: Goebbels' Rede im Berliner Sportpalast. Aufruf zum „totalen Krieg".

13. März: Das Krakauer Ghetto wird liquidiert. In Auschwitz werden neu erbaute Krematorien und Gaskammern „in Betrieb genommen". In der Folge wird die „Kapazität" enorm gesteigert.

15. März: Beginn der Deportationen aus Griechenland. Am 22. März trifft ein Transport aus Saloniki ein.

19. April – 16. Mai: Aufstand und Liquidierung des Warschauer Ghettos. Meldung der Sieger: „In Warschau gibt es keinen jüdischen Wohnbezirk mehr."

3. Mai: Kapitulation in Tunis. Über 250 000 deutsche und italienische Soldaten kommen in Gefangenschaft.

19. Mai: Berlin wird „judenfrei" erklärt.
Juni/Juli: Beginn der US-Offensive im Südpazifik.
11. Juni: Himmler ordnet die Liquidierung aller polnischen Ghettos an. Der Erlass wird am 21. Juni auf Russland ausgedehnt.
9./10. Juli: Landung der Alliierten auf Sizilien. Völlige Besetzung am 17. August.
24./25. Juli: Umsturz in Italien. Mussolini wird gestürzt und verhaftet. Neue Regierung unter Marschall Badoglio.
August – September: „Familientransporte" aus Theresienstadt nach Auschwitz. Liquidierung der Ghettos von Bialystock, Wilna, Minsk und Smolensk.
13. August: Schwerer Luftangriff auf die Flugzeugwerke in Wr. Neustadt, als erster Angriff auf österreichisches Gebiet, das bis dahin als „Luftschutzkeller des Reiches" gegolten hatte. Die schwersten Bombenangriffe auf die „Donau- und Alpengauen" erfolgen am 10. September 1944, am 7. Februar und 12. März 1945 (!).
8. September: Bekanntgabe des am 3. September unterzeichneten Waffenstillstandes zwischen Italien und den Alliierten. Landung englischer Truppen in Kalabrien und amerikanischer Einheiten in Salerno. Italien erklärt Deutschland den Krieg. Aufbau einer deutschen Front südlich von Neapel, das aber bereits bald darauf geräumt werden muss. Auch die Befreiung des „Duce" durch eine SS-Einheit (12. September) ändert nichts an der weiteren Entwicklung.
18. Oktober: Erste Deportation Rom-Auschwitz.
27. Oktober: Durchbruch der Roten Armee zum unteren Dnjepr.
1. November: Moskauer Deklaration über Österreich: „Die Regierungen Großbritanniens, der Sowjetunion und der Vereinigten Staaten von Amerika kommen darin überein, dass Österreich, das erste freie Land, das der Hitler'schen Aggression zum Opfer gefallen ist, von der deutschen Herrschaft befreit werden muss. Sie betrachten den Anschluss, der Österreich am 13. März 1938

aufgezwungen wurde, als null und nichtig ..."
Die Erklärung bildet auch eine Ermutigung für die österreichischen Widerstandskämpfer. Im Schlusssatz des Dokumentes heißt es:
„Österreich wird jedoch darauf aufmerksam gemacht, dass es für die Beteiligung am Krieg auf Seiten Hitler-Deutschlands die Verantwortung trägt, der es nicht entgehen kann, und dass bei der endgültigen Regelung unvermeidlich sein eigener Beitrag zu seiner Befreiung berücksichtigt werden wird."

6. November: Sowjettruppen erobern Kiew zurück.

28. November – 1. Dezember: Konferenz von Teheran zwischen Roosevelt, Churchill und Stalin. Beratung über die weitere militärische Vorgangsweise der Alliierten. Insbesondere wird die Bildung einer zweiten Front in Westeuropa für Frühsommer 1944 zugesagt.

1944

3. Jänner: Sowjettruppen dringen zur ehemaligen polnischen Grenze vor.

22. Jänner: Landung der Alliierten im Rücken der deutschen Front in Italien bei Anzio und Nettuno.

13./14. Februar: Schwerste alliierte Luftangriffe auf Dresden.

28. März: Sowjettruppen in Rumänien.

12. April: Erster alliierter Luftangriff auf Wien.

15. Mai: Massendeportationen von ungarischen Juden in das KZ Auschwitz. Am 14. April erster Vernichtungstransport Athen–Auschwitz.

4. Juni: Rom wird von der Deutschen Wehrmacht geräumt.

6. Juni: Landung der Alliierten in Südfrankreich.

9. Juni: Beginn des sowjetischen Angriffes gegen Finnland. Am 20. Juni wird Wiborg besetzt.

14./15. Juni: Beginn der deutschen „Vergeltungsangriffe" mit V-1 auf England.

Juni/Juli: Verstärkte sowjetische Angriffe auf fast allen Linien.

20. Juli: Missglücktes Attentat auf Hitler. In der Folge Massenverhaftungen und Hinrichtungen. Unter den Opfern sind Angehörige aller Bevölkerungsschichten, auch mehrere hohe Offiziere, die den sinnlosen Krieg beenden hatten wollen. Schauprozesse. In der Propaganda werden die Opfer als Feiglinge, Verbrecher und Verräter beschimpft. Himmler wird Oberbefehlshaber des Ersatzheeres.

24. Juli: KZ Majdanek von Sowjettruppen befreit. (Bereits am 3. Juli Fall von Minsk, Fall von Wilna am 27. Juli.)

31. Juli: Durchbruch der US-Truppen in der Normandie. Übergang zum Bewegungskrieg in Frankreich.

1. August: Massenvergasung von Zigeunern in Auschwitz-Birkenau. Warschauer Aufstand der polnischen Heimatarmee (bis 2. Oktober). Auf Befehl Hitlers wurde Warschau systematisch zerstört.

15. August: Landung der Alliierten an der französischen Mittelmeerküste. Am 3. September Einnahme von Lyon und am 25. August Übergabe von Paris und Einzug des Generals de Gaulle.

21. August: Auflösung des Ghettos in Lodz. 70 000 Juden werden nach Auschwitz deportiert.

23./24. August: Dem sowjetrussischen Einmarsch in Rumänien folgt der Sturz der deutschen-freundlichen Regierung. Rumänisch-sowjetischer Waffenstillstand am 12. September.

September/Oktober: Rückzug der deutschen Truppen aus Griechenland.

Anfang September: Eroberung von Belgien durch die Alliierten. Am 3. September wird Brüssel besetzt. Vordringen sowjetischer Verbände über die Karpaten in Ungarn.

6. September: Finnisch-sowjetrussischer Waffenstillstand.

23. September: Deportierungen Theresienstadt-Auschwitz. Letzter Transport Frankreich-Auschwitz.

Ende September: Englische und amerikanische Truppen an der Reichsgrenze.

7. Oktober: Aufstand des „Sonderkommandos“ in Auschwitz-Birkenau.

18. Oktober: Bildung des „Deutschen Volkssturms" als letztes Aufgebot – sollte alle nicht bereits eingerückten Männer zwischen dem 16. und dem 60. Lebensjahr umfassen. Für Ausrüstung und Bewaffnung sowie Ausbildung war in keiner Weise gesorgt. Der Partisanenführer Tito zieht in Belgrad ein.

3. November: Letzte Selektion an der Rampe Auschwitz-Birkenau. Am 26. November gibt Himmler den Befehl zur Zerstörung der Krematorien und Gaskammern. Sowjettruppen erreichen Budapest.

7. November: Roosevelt zum vierten Male zum US-Präsidenten gewählt. Harry S. Truman Vizepräsident.

30. Dezember: Letzte Hinrichtung auf dem Appellplatz des Stammlagers Auschwitz. Die Opfer sind zwei polnische und drei österreichische Angehörige der Internationalen Widerstandsgruppe des Lagers. Ihre letzten Rufe unter dem Galgen: „Niech czyje Polska! Niech czyje Volnosc!" („Es lebe Polen! Es lebe die Freiheit!") und „Es lebe ein freies Österreich! Nieder mit der braunen Mordpest!" und „Heute wir – morgen ihr!"

1945

Jänner: Zusammenbruch der deutschen Front in Polen. Befehl Hitlers, die größeren Städte als Festungen zu verteidigen. Taktik der „verbrannten Erde".

17. Jänner: Auschwitz wird evakuiert. Zurücklassung der Kranken und Marschunfähigen. Die geplante Liquidierung der Zeugen der Verbrechen kann angesichts der Schnelligkeit des sowjetischen Vordringens nicht mehr durchgeführt werden.

27. Jänner: Sowjetische Truppen befreien Auschwitz. Einsetzung einer internationalen Kommission zur Aufklärung von Greueltaten.

4. – 11. Februar: Konferenz in Jalta (Krim); Roosevelt, Churchill und Stalin. Beschlüsse über die weitere Kriegführung und die Maßnahmen gegen Deutschland nach seiner Niederlage.

Februar/März: Eroberung des linken Rheinufers durch englische und amerikanische Truppen. Angriffe der sowjetischen Truppen gegen Pommern. 30. März Kapitulation Danzigs und am 9. April Königsbergs.

12. März: Bei dem bisher schwersten Luftangriff auf Wien entstehen große Schäden an der Stephanskirche, am Burgtheater und anderen historischen Gebäuden. Dazu der NS-Bürgermeister von Wien, Blaschke: „Je größer die Zerstörung unserer Städte, desto unbesiegbarer werden wir ... Hunger, Ruinen und Asche sind die Garanten unserer Größe ..."

15. März: Befehl Hitlers, beim Rückzug alles den Gegnern Nützende, besonders Straßen und Brücken zu zerstören. Diese Anordnung wird vielfach nicht mehr befolgt.

12. April: US-Präsident Roosevelt gestorben. Nachfolger Harry S. Truman.

13. April: Wien wird von sowjetischen Truppen besetzt.

14. – 18. April: Kapitulation des „Ruhrkessels".

20. April: Einschließung Berlins durch die Sowjettruppen.

21. April: Völliger Zusammenbruch der deutschen Front in Italien.

27. April: Unabhängigkeitserklärung Österreichs. Staatskanzler wird Dr. Karl Renner.

28. April: Waffenstillstand.

30. April: Selbstmord Hitlers und Goebbels'. Nachfolger von Hitler ist Großadmiral Dönitz.

2. Mai: Übergabe Berlins an die Rote Armee.

4. Mai: Teilkapitulation des deutschen Heeres, soweit es gegen die Engländer im Kampfe stand, sowie der deutschen Truppen in Holland und Dänemark.

5. Mai: Himmler wird aus seinen Ämtern entlassen. Am 23. Mai Selbstmord. Aufstand in Prag. Zusammenbruch des deutschen Widerstandes im „Reichsprotektorat".

7. Mai: Kapitulation der gesamten Deutschen Wehrmacht, die am 9. Mai in Kraft tritt.

2. September: Kapitulation Japans. Ende des Zweiten Weltkrieges.

1. Oktober 1946: Urteil im Nürnberger Prozess gegen die Hauptkriegsverbrecher. Von den 24 Angeklagten (darunter Göring, Ribbentrop, Kaltenbrunner, Rosenberg und Heß) 12 zum Tode verurteilt.

WEITERFÜHRENDE LITERATUR

Adler H. G.: Der verwaltete Mensch. Studie zur Deportation der Juden in Deutschland. Tübingen 1974.

Adler H. G.: Die Juden in Deutschland. München 1961.

Arendt Hannah: Eichmann in Jerusalem. Von der Banalität des Bösen. München 1964.

Bartz Karl: Als der Himmel brannte. Hannover 1945.

Broszat Martin: Der Nationalsozialismus. Weltanschauung, Propaganda, Wirklichkeit. Stuttgart 1960.

Büchele Marga: Der politische Witz als getarnte Meinungsäußerung. München 1955.

Churchill Winston: Der Zweite Weltkrieg. Hamburg 1950.

Danimann Franz (Hg.): Finis Austriae. Österreich im März 1938. Wien – München – Zürich 1978.

Danimann Franz/Pepper Hugo (Hg.): Österreich im April. Die ersten Schritte der Zweiten Republik. Wien – München – Zürich 1985.

Dimitroff Georgi: Der Reichstagsbrand. Berlin 1953.

Dokumentation zur österr. Zeitgeschichte 1938–1945. Herausgegeben von Christine Klusacek, Herbert Steiner und Kurt Stimmer. Wien – München 1971.

Dor Milo/Federmann R.: Der politische Witz. Wien 1964.

Drozdzynski Bernd: Das verspottete Tausendjährige Reich. Düsseldorf 1978.

Fest Joachim C.: Das Gesicht des Dritten Reiches – Profile einer totalitären Herrschaft. München 1963.

Frankl Viktor: Ein Psychologe erlebt das KZ. Wien 1946.

Frei Bruno: Der kleine Widerstand. Wien 1978.

Gamm Hans Jochen: Der Flüsterwitz im Dritten Reich. München 1963.

Gisevius Bernd: Bis zum bittern Ende. 1934 bis 1944. Frankfurt 1944.

Göhring Walter/Hasenmayer Herbert: Zeitgeschichte. Wien 1979.

Greuner Ruth: Zeitzünder im Eintopf. Antifaschistische Satire 1933–1945. Berlin 1975.
Haffner Sebastian: Anmerkungen zu Hitler. München 1978.
Hausner Gideon: Die Vernichtung der Juden. Das größte Verbrechen der Geschichte. München 1979.
Hilberg Raul: Sonderzüge nach Auschwitz. Die Rolle der Reichsbahn bei der Judenvernichtung. Mainz 1981.
Hirche Kurt: Der rote und der braune Witz. Düsseldorf – Wien 1964.
Hofer Walther: Die Entfesselung des Zweiten Weltkrieges. Frankfurt am Main 1960.
Hofer Walther: Der Nationalsozialismus. Dokumente 1933 bis 1945. Frankfurt am Main 1957.
Hörbiger Paul: Ich hab' für Euch gespielt. München 1979.
Horsky Monika (Hg.): Man muß darüber reden. Schüler fragen KZ-Häftlinge. Wien 1988.
Höss Rudolf: Kommandant in Auschwitz. Stuttgart 1958.
Kautsky Benedikt: Teufel und Verdammte. Erfahrungen und Erkenntnisse aus sieben Jahren in deutschen Konzentrationslagern. Wien 1961.
Kempner Robert: SS im Kreuzverhör. München 1964.
Klusacek Christine/Steiner Herbert: Dokumentation zur österreichischen Zeitgeschichte. Wien – München 1971.
Kogon Eugen: Der SS-Staat. Das System der deutschen Konzentrationslager. Frankfurt 1947.
Kudrnofsky Wolfgang: Vom Dritten Reich zum Dritten Mann. Wien 1973.
Landmann Salcia: Der jüdische Witz. Olten und Freiburg 1970.
Lang Alfred: Kleinkunst und Widerstand. Das Wiener Werkel. Dissertation. Jahrgang unbekannt. Eingesehen beim Dokumentationsarchiv des österr. Widerstandes, Wien.
Langbein Hermann: Der Auschwitz-Prozeß. Eine Dokumentation. Wien – Frankfurt – Zürich 1965.
Langbein Hermann: Menschen in Auschwitz. Wien 1972.
Lexikon zur Geschichte und Politik im 20. Jahrhundert. Köln 1971.
Lichtenstein Heiner: Warum Auschwitz nicht bombardiert

wurde. Frankfurt – Berlin – West 1980.
Lingens-Reiner Ella: Eine Frau im Konzentrationslager. Wien – Frankfurt – Zürich 1966.
Lusar Rudolf: Die deutschen Waffen und Geheimwaffen während des Zweiten Weltkrieges. München 1964.
Maimann Helene: Politik im Wartesaal. Wien – Graz – Köln 1975.
Malina Peter/Spann Gustav: Bibliographie zur österreichischen Zeitgeschichte. Wien 1978.
Marsalek Hans: Geschichte des KZ Mauthausen. Wien 1973.
Molden Otto: Der Ruf des Gewissens. Wien 1958.
Mommsen Hans: Der deutsche Widerstand gegen Hitler. München 1966.
Moser Johnny: Judenverfolgung in Österreich. Wien – Frankfurt – Zürich 1966.
Muliar Fritz: Das Beste aus meiner jüdischen Witze- und Anekdotensammlung. Wien 1947.
Neumann Robert: Ausflüchte unseres Gewissens – Dokumente zu Hitlers „Endlösung der Judenfrage". Hannover 1960.
Poliakov Leon/Josef Wulf: Das Dritte Reich und seine Diener. Berlin 1956.
Rauschning Hermann: Gespräche mit Hitler. Zürich – New York 1940.
Reiter Franz Richard (Hg.): Wer war Rosa Jochmann? Wien 1997.
Reiter Franz Richard (Hg.): Wer war Viktor Matejka? Wien 1994.
Reitlinger Gerald: Die Endlösung – Hitlers Versuch der Ausrottung der Juden Europas. Berlin 1961.
Röhrich Lutz: Der Witz – Seine Formen und Funktionen in Wort und Bild. München 1980.
Rot-weiß-rot-Buch. Wien 1946.
Rumpf Hans: Das war der Bombenkrieg. Oldenburg und Hamburg 1961.
Schausberger Norbert: Der Griff nach Österreich. Wien – München 1978.

Schnabel Raimund: Macht ohne Moral. Eine Dokumentation über die SS. Frankfurt am Main 1957.
Scholl Inge: Die weiße Rose. 1965.
Schwarz Minni: Flüsterwitze von 1938 bis 1945. (Wien wehrt sich mit Witz.) Wien – Gmunden – Zürich 1946.
Spieß-Lichtenstein: Das Unternehmen Tannenberg. Der Anlaß zum Zweiten Weltkrieg. München 1982.
Stadler Karl: Österreich 1938–1945. Im Spiegel der NS-Akten. Wien – München 1966.
Steiner Herbert: Gestorben für Österreich. Widerstand gegen Hitler. Wien 1968.
Steiner Herbert: Zum Tode verurteilt. Eine Dokumentation. Wien 1964.
Sussmann Heinrich: Heinrich Sussmann, 1904–1986. Ein Querschnitt durch das Oeuvre. 62 Abbildungen. Wien o. J.
Szecsi Maria/Stadler Karl: NS-Justiz in Österreich. Wien 1962.
Ulrich Johann: Der Luftkrieg über Österreich. 1956.
Weinzierl Erika: Zu wenig Gerechte. Österreicher und Judenverfolgung 1938–1945. Graz – Wien – Köln 1969.
Weinzierl Erika/Skalnik Kurt: Das neue Österreich. Geschichte der Zweiten Republik. Graz 1975.
Widerstand und Verfolgung in Wien. Bearbeitung von Wolfgang Neugebauer. Wien 1975.
Wolken Otto: Chronik des Quarantänelagers Birkenau – Zeugnisse und Berichte. Frankfurt am Main 1962.
Wollt Ihr den totalen Krieg. Die geheime Goebbels-Konferenz 1939–1943. München 1969.

DANK

Die vorliegende Sammlung enthält circa 500 einschlägige Witze und Spottgedichte sowie eine Anzahl von anderen Dokumenten zur Illustration der Begleitumstände. Da es nicht möglich ist, allen Persönlichkeiten, die über mein Ersuchen in ihren Erinnerungen gekramt und einen Beitrag dazu geleistet haben, einzeln zu danken, sei auf diesem Weg pauschal danke gesagt.

Zu besonderem Dank verpflichtet bin ich dem Institut für Zeitgeschichte der Universität Wien und hier vor allem Herrn Univ. Lektor Dr. Peter Malina für die fachliche Beratung sowie dem Dokumentationsarchiv des österreichischen Widerstandes. Hier war mir Herr Bibliothekar Herbert Exenberger bei der Beschaffung von Originalunterlagen sehr behilflich.

Nicht zuletzt aber sei dem Herausgeber, Dr. Franz Richard Reiter, der eigentlich die Initiative zur Veröffentlichung hatte, sowie Frau Mag. Monika Horsky gedankt. Sie und er haben an der Bearbeitung des umfangreichen Materials erheblichen Anteil.

Franz Danimann

F. R. REITER (Hg.)

Wer war Erwin Ringel?

Die erste, authentische Antwort gibt Prof. Ringel in seiner Lebensbilanz. Vierzig Autoren legen Zeugnis ab, berichten und analysieren:

Wilhelm Berges • Johannes Bischko • Gerhard Brandl • Erhard Busek Monika Christian • Claus Helmut Drese • Karl Dvorak • Georg Eisler Michael Elizur • Elisabeth Ellersdorfer • Karl-R. Essmann • Reginald Földy • Traute Foresti • Erika von Herbst • Robert Holl • Alfred Kirchmayr Franz Köb • Willy Kralik • Helmut Krätzl • Ulrich Kropiunigg • Paul Löwinger • Arnold Mettnitzer • Fritz Muliar • Horst Münster • Horst Ogris Ulrike Parnreiter • Anton Pelinka • Peter Pelinka • Walter Pöldinger Will Quadflieg • Angela Ringel • Peter Scheer • Rudolf Schermann • Rainer Schmidt • Peter Schramke • Hannelotte Schreiner • Heinz Sichrovsky Gernot Sonneck • Peter Turrini • Werner Vogt • Franz Vranitzky

EPHELANT – 20,5 x 13,2, Br., 224 S.; ÖS 298, DM 45, Sfr 39
ISBN 3-900766-10-X

F. R. REITER (Hg.)

Wer war Leopold Ungar?

Die erste, authentische Antwort gibt Prälat Leopold Ungar selbst – in seinem hier zum ersten Mal gedruckten Vortrag „Der neue Mensch“. Vierzig Autoren legen Zeugnis ab, berichten und analysieren:

Alexander Abrahamowicz • Dolores M. Bauer • Michael Benedikt • Helmut Blasche • Franc Bole • Erwin Chargaff • Herberth Czermak • Johannes Dantine • Peter Devereaux • Clare Deveson • Bernhard Dolna • Hubert Feichtlbauer • Gregory Felling • Eva-Maria Geiblinger • James Gillcrist Michael Guttenbrunner • Wini Guttenbrunner • Adolf Holl • Georg Hüssler Peter Jünnemann • Egon Kapellari • Ali Kielmansegg • Eric Kirkby • Franz König • Uta Krammer • Adalbert Krims • Fred Mayer • Erika Mitterer Walter Joseph Palham • Zsolt Nikolaus Patka • Werner Reiss • Erwin Rennert • Erwin Ringel • Rainer Rosenberg • Dietmar Schönherr • Friedrich Schuhmayer • Helmut Schüller • Wolfgang Sonnleitner • Reinhold Stecher • Gordon F. van der Veen • Peter Weck

EPHELANT – 20,5 x 13,2, Br., 224 S.; ÖS 298, DM 45, Sfr 39
ISBN 3-900766-08-8

F. R. REITER (Hg.)

Wer war Rosa Jochmann?

Die erste, authentische Antwort gibt Rosa Jochmann mit einer Rede und in einem Interview, das Franz Richard Reiter mit ihr geführt hat. Rund vierzig Autoren legen Zeugnis ab, berichten und analysieren.

Ria Apfelkammer • Marta Baranowska • Doris Bogisch • Helmut Brenner Antonia Bruha • Erhard Busek • Fritz Endl • Herbert Exenberger • Hilde Fischer • Geert • Walter Göhring • Kurt Hacker • Marga Jung • Heinz Kommenda • Maria Kuhn-Wiedmaier • Erwin Lanc • Peter Ulrich Lehner Henry 0. Leichter • Christine Ruth Lewerenz-Weghuber • Peter Lhotzky Rie Lips-0dinot • Rainer Mayerhofer • Lydia Nasarowa • Lucia Nawrot Ernst Nedwed • Frieda Nödl • Hugo Pepper • Irmgard Schmidleithner Barbara Serloth • Herbert Steiner • Alfred Stingl • Gerald Strobel • Alfred Ströer • Irma Trksak • Franz Vranitzky • Hans Waschek

EPHELANT – 20,5 x 13,2, Br., 208 S.; ÖS 298, DM 41, Sfr 39
ISBN 3-900766-11-8

F. R. REITER (Hg.)

Wer war Viktor Matejka?

Vierzig Autoren legen Zeugnis ab, berichten und analysieren:

Evelyn Adunka • Otto Breicha • Robert Dachs • Fritz Eckhardt • Georg Eisler • Herbert Exenberger • Elisabeth Glück-Koller • Heimo Gruber Erich Grubhofer • Karl Hans Heinz • Fritz Herrmann • Ernst Hinterberger Gerda Hoffer • Alfred Hrdlicka • Peter Huemer • Lotte Ingrisch • Lucia Kellner • Reinhold Knoll • Felix Kreissler • Herbert Lederer • Christian Limbeck-Lilienau • Ursula Pasterk • Willhelm Pellert • Alois Peter • Hermann Precht • Erwin Ringel • Edith Rosenstrauch-Königsberg • Dieter Schrage Hermann Schreiber • Johannes Mario Simmel • Kurt Smolar • Ludwig Soswinski • Ludwig Stecewicz • Gerald Trimmel • Willy Verkauf-Verlon Alois Vogel • Max Weiler • Christian Werner • Hilde Zaloscer • Helmut Zilk

EPHELANT – 20,5 x 13,2, Br., 208 S.; ÖS 298, DM 45, Sfr 39
ISBN 3-900766-09-6

F. R. REITER (Hg.)

Wer war Bruno Kreisky?

Vierzig Autoren legen Zeugnis ab, berichten und analysieren:

Uri Avnery • Egon Bahr • Ahmed Ben Salah • Anton Benya • Paul Blau • Trautl Brandstaller • Johanna Dohnal • Heinz Fischer Rupert Gmoser • Alfred Gusenbauer • Michael Guttenbrunner Otmar Höll • Hans Igler • Peter Jankowitsch • Rosa Jochmann Rudolf Kirchschläger • Henry Kissinger • Reinhold Knoll • Teddy Kollek • Helmut Kramer • Peter Kreisky • Herbert Krejci Erwin Lanc • Paavo Lipponen • Peter Marboe • Egon Matzner Ewald Nowotny • Heinz Nußbaumer • Gustav Peichl • Erika Pluhar • Margit Schmid • Werner Schneyder • Dietmar Schönherr • Gernot Sonneck • Hans J. Thalberg • Reinhard Tramontana Alexander Van der Bellen • Kurt Vorhofer • Erika Weinzierl Jean Ziegler

EPHELANT - 20,5 x 13,2, Br., 304 S.; öS 298, DM 41, Sfr 39
ISBN 3-900766-14-2

MICHAEL GUTTENBRUNNER

Politische Gedichte

In Gedichten und kurzer Prosa aus mehr als fünf Jahrzehnten Ausdruck von Schmerz und Empörung.

Der Kärntner Slowene

Ein zurückgebliebener Fisch,
wo die Flut verrauscht
und abgezogen ist;
nur wenig Wasser mehr.
Bald ausgetrocknet, erstickt,
mit dem Rücken zur Wand der Karawanken,
so steht er da.

EPHELANT - 21,5 x 12,5, geb., 76 S.; öS 298, DM 41, Sfr 39
ISBN 3-900766-15-0

MONIKA HORSKY (Hg.)

Man muß darüberreden

Schüler fragen KZ-Häftlinge

Österreicherinnen und Österreicher, die die Nazi-Konzentrationslager überlebt haben, berichten Schülern und beantworten ihre Fragen. Monika Horsky hat diese Gespräche erlebt und erfahren, welch großen Eindruck sie auf junge Menschen machen.

Hier die Aussagen der Zeitzeugen und ihre Antworten auf die Schülerfragen:

Hermann Langbein
Sucht euch nicht den leichteren Weg
Fritz Kleinmann
Über Nacht waren wir nicht „rassenrein"
Ella Lingens
Das Versprechen
Ferdinand Berger
Das Schlimmste: absolute Rechtlosigkeit
Anni und Heinrich Sussmann
Macht's den Mund auf und red's

20,5 x 13,2, Br., 216 S..; ÖS 248, DM 37, Sfr 32; ISBN 3-900766-01-0

Dokumente • Berichte • Analysen
Herausgegeben von Franz Richard Reiter
EPHELANT

FRANZ THEODOR CSOKOR

3. November 1918
Gottes General
Der verlorene Sohn

3. November 1918 – Ein prachtvolles Stück. Es ist mir sehr nahegegangen, und wie mag es erst den Österreichern ans Herz greifen?
Thomas Mann

Der verlorene Sohn – Der Inhalt ist der bedingungslose Kampf um die Freiheit, und in seiner Ausführung ist es das reifste und geschlossenste Werk Csokors. *Austro American Tribune*

Gottes General – Das Drama liest sich wie ein Entwicklungsroman. Seine Sprache ist rein und plastisch. *Wiener Zeitung*

EPHELANT – 20,5 x 13,2, Br., 256 S.; ÖS 298, DM 41, Sfr 39
ISBN 3-900766-07-X

FRANZ THEODOR CSOKOR

Auch heute noch nicht an Land

Briefe und Gedichte aus dem Exil

Hier sind zwei weitgehend vergessene Werke Franz Theodor Csokors vereint: „Zeuge einer Zeit“, seine Briefe aus dem Exil, und „Das schwarze Schiff“, Gedichte aus dem Exil. Seine Abscheu vor den Nazis veranlaßte ihn, 1938, als Österreich okkupiert wurde, die Heimat zu verlassen. Briefe z.B. an Ödön von Horvath, Ferdinand Bruckner, Felix Braun und Lina Loos lassen in persönlicher Weise das Schicksal eines Flüchtlings wie auch die damaligen politischen und militärischen Ereignisse in Polen, Rumänien, Jugoslawien und auf der Insel Korcula miterleben; sie erleichtern zugleich das Verständnis der politischen Konflikte in unseren Tagen.

EPHELANT - 20,5 x 13,2, Br., 360 S.; ÖS 298; DM 45; Sfr 39
ISBN 3-900766-05-3